神祕的
未解之謎

的

失落
文化謎團

永續圖書 線上購物網　　讀品文化 事業有限公司

www.foreverbooks.com.tw

yungjiuh@ms45.hinet.net

精選故事系列 27

神祕的未解之謎：失落的文化謎團

編　　著　艾賓斯
出 版 者　讀品文化事業有限公司
責任編輯　賴美君
封面設計　林鈺恆
美術編輯　王國卿

總 經 銷　永續圖書有限公司
　　　　　TEL／(02)86473663
　　　　　FAX／(02)86473660
劃撥帳號　18669219
地　　址　22103 新北市汐止區大同路三段 194 號 9 樓之 1
　　　　　TEL／(02)86473663
　　　　　FAX／(02)86473660
出 版 日　2019 年 11 月

法律顧問　方圓法律事務所　涂成樞律師
CVS 代理　美璟文化有限公司
　　　　　TEL／(02)27239968
　　　　　FAX／(02)27239668

國家圖書館出版品預行編目資料

神祕的未解之謎：失落的文化謎團
／艾賓斯編著.--初版.--新北市：讀品文化,民108.11
面；公分.--（精選故事系列：27）
ISBN 978-986-453-108-0 (平裝)

1. 世界史　2. 通俗史話

711　　　　　　　　　　　　108015008

1. ■ Chapter

宗教的神祕鑰匙

神宗教給人以寄託，

也帶來了上帝、阿門、佛祖諸神的祕密。

伏都教的「還魂屍」 010

耶穌的「裹屍布」 015

聖牆因何而哭泣 019

佛門舍利子 023

1508年羅馬教皇教諭逸失了嗎 027

原始部落的「處女禁忌」 031

印尼千年佛壇之謎 035

阿爾忒彌斯神廟之謎 039

古蘭經裡的19 041

非洲屋脊的獨石教堂之謎　044

木乃伊的心跳？　048

巫師的「煉屍油」　051

印第安人的人頭縮製術　055

通靈的「死亡瓶」　058

奧茲冰人之謎　061

矽谷鬼屋再現　064

會移動的棺材　068

千里返鄉的棺材　072

石棺中的聖水　075

人體「第三隻眼」之謎　080

特異功能之謎　083

CONTENTS

湘西趕屍之謎　　　　　　　　086

千年不腐的肉身　　　　　　　090

達摩精魂入壁石　　　　　　　095

峨眉山佛光之謎　　　　　　　098

莫高窟萬道金光之謎　　　　　102

千古佛燈　　　　　　　　　　106

雲居寺之謎　　　　　　　　　110

雷峰塔地宮之謎　　　　　　　113

應縣木塔斜而不倒之謎　　　　117

法門寺地宮之謎　　　　　　　121

5000年的女神廟之謎　　　　　125

2 ■ Chapter

文苑奇葩迷魂香

文苑本無謎，猜的人多了，謎也就越來越重了，

最後誰也找不到答案的鑰匙。

《山海經》：異國風物之謎　　　　　　130

瀋陽故宮的未解謎團　　　　　　133

圓明園珍寶的滅頂之災　　　　　　138

蒙娜麗莎為誰而笑　　　　　　143

莎士比亞密碼　　　　　　147

比薩古船的謎題　　　　　　151

沉睡海底的「阿甲克斯」　　　　　　154

亞歷山大燈塔之謎　　　　　　157

梵谷自殺之謎　　　　　　161

CONTENTS

海明威自殺之謎　164

神祕的手印　167

奧爾梅克雕像之謎　170

納斯卡地畫從何而來　173

堯舜禪讓之謎　177

秦始皇身世之謎　181

隋煬帝殺父之謎　184

玄武門之變之謎　187

楊貴妃最終身歸何處　191

戚繼光斬子之謎　195

孝莊皇后下嫁之謎　199

乾隆皇帝身世之謎　203

宗教的神祕鑰匙

宗教給人以寄託，也帶來了上帝、阿門、佛祖諸神的祕密。

Chapter

伏都教的「還魂屍」

● 「還魂屍」讓你被賣了當奴隸，還替人數錢。

　　曾幾何時，不知哪個美國好萊塢的製片人忽然看中了原本鮮為人知的伏都教，於是那些充滿著狂熱與縱欲的宗教儀式，以及光怪陸離的蛇舞等紛紛被搬上電影、電視，吸引了一大批人到海地去觀光獵奇。其中，最神祕也最令人毛骨悚然的可能就是「還魂屍」了。那麼，「還魂屍」究竟是怎麼回事呢？

　　「伏都」的意思是「精靈」，這一宗教是以崇拜蛇神，篤信精靈和巫術著稱的。伏都教原本是流行在西非加納等地的一種神祕宗教，白人殖民者的販奴活動把它帶到了中美洲海地等國，從此這種原始宗教便逐漸在當地的黑人居民中傳播了起來。

人類學家梅特羅在他的專著《海地的伏都教》中是這樣描述還魂屍的：「他能行動，能吃東西，能聽從對他說話人的指令，他甚至還能講話，但沒有記憶力，也不知道自己身處的環境。」

儘管長期以來，許多外國人只是把這些傳說當做有趣的神話或者笑料寫進他們的論著、遊記以及小說和劇本裡，海地人對此卻一直十分認真，許多受過現代西式教育的人對還魂屍的存在也是深信不疑。為了避免當還魂屍，不少海地人在埋葬親屬之前要先把死屍的喉管割開，或者在心臟中釘上一枚大釘子，其情形十分恐怖。

哈佛大學生物學系年輕的人種植物學專家大衛斯首先在《人種藥理學雜誌》上撰文指出，所謂還魂屍可能真的確有其事，並推測當地的土著巫師一定是透過他們掌握的某種強效麻醉劑來製造所謂的還魂屍。

不久，從海地傳出了一個驚人的消息，一位名叫納西斯的當地人死後當了還魂屍，並於18年後重返故里。

據說，納西斯是因為財產糾紛而被兄弟毒死的，1962年經一家美國人開的名為施威澤的醫院鑑定正式宣佈死亡，在舉行完葬禮之後就被埋進了墳墓。

1980年，他居然返回了故鄉，並且聲稱自己當了兩年的

還魂屍，被人買去在甘蔗種植園裡做奴隸，以後又流浪了16年。

海地太子港精神病中心的道揚博士對納西斯做了全面的檢查，得出了他「確實是被施行過還魂術」的結論。消息傳到美國，正在研究還魂屍的大衛斯立即飛往海地。在他的努力之下，科學家們終於徹底揭開了流傳已久的還魂屍之謎。

在去海地之前，大衛斯曾經花了9年時間遍遊亞馬遜河流域的幾十個印第安土著部落，目睹過許多傳統祕方的奇效，也耳聞了不少關於巫師使用毒藥的傳說。

到了海地以後，他很快發現花錢從巫師那裡買一份毒藥來陷害仇人，在當地幾乎是半公開的事，不需費多大氣力就能弄到好多種據說是能製造還魂屍的藥粉。對那些所謂的「還魂藥粉」的藥理學分析顯示，儘管各地巫師的配方千差萬別，但都以河豚毒素為主。

這種取自河豚內臟的藥物含有劇毒，微量即可置人於死地，據說中毒的死亡率高達89％。然而，極微量的河豚毒素卻能使人有發熱和興奮的快感，在盛行吃河豚魚的日本，還有因吃河豚中毒「死亡」之後在埋葬時又甦醒的實例。顯然，海地巫師是掌握了一種恰當控制河豚毒素的方法，正如一位巫師告訴大衛斯的，還魂藥的關鍵在於劑量，如果中毒確實

太深，巫師也是還魂無術的。

除了河豚毒素外，某些還魂藥中還含有蟾蜍毒素。這種毒素能影響心臟和神經系統的功能，並能引起人極強烈的幻覺。大衛斯指出，在海地炎熱的氣候之下，土著大都赤足行走，衣著也很單薄。施法者從巫師那裡弄到一份毒藥，塗在被害者的屋內外及床上、椅上和日常用具上，於是毒素便漸漸地透過皮膚滲入這個倒楣蛋的體內，使他心跳變慢、脈搏微弱，被人誤以為死亡埋入墳墓。

然後，巫師又悄悄地把他從墳中挖出，再讓他吃一種含有山藥和曼陀羅的藥劑。據說，山藥是一種解藥，能使人從假死狀態中甦醒，而曼陀羅則是傳統的麻醉劑，正是它使受害者保持半昏迷的麻醉狀態，於是成了任人擺佈的還魂屍。

在海地這類還魂屍的確切數目一時雖然難以統計，但估計絕不會只有一兩個孤例。儘管還魂屍們無一例外地目光呆滯，毫無表情，並且無精打采，哪怕做的是最輕微的工作也要費很大的勁，但他們老實聽話，經常被人當做奴隸販賣。

大多數還魂屍過了一段時間後會慢慢地甦醒，但從此後他們也難以恢復正常的生活，因為他們的家人早就把這些「死人」遺忘了，社會上的人們則對他們敬而遠之。在有家難歸、境遇淒慘的情況下，那些甦醒過來的還魂屍大多逃不過無聲

無息死亡的命運，本來很容易解開的還魂屍之謎也因此更加神祕莫測，即使是海地的土著也難知其詳了。

海地伏都教的還魂屍之謎至今已經真相大白了。但是那些古怪的毒藥究竟由什麼成分構成？海地巫師是如何掌握和使用它的？仍然是未解之謎。

耶穌的「裹屍布」

● 耶穌的裹屍布在復活節不翼而飛，若干年後又神奇出現。

　　耶穌死後，屍體被一個叫約瑟的人用一塊裹屍布精心包裹後放在哥爾高紮的一個石洞墓裡。3天後，幾個去石洞弔唁的婦女發現耶穌復活了。也就在耶穌復活後，他的那塊裹屍布也不翼而飛了。

　　若干年以後，在義大利都靈大教堂裡有一塊被稱為是耶穌基督的裹屍布，這件聖物一直受到基督徒們極大的敬仰。但是，後來有人產生了疑問：它真是耶穌的裹屍布嗎？

　　據《聖經‧新約》記載：耶穌在十字架上被釘死後，門徒四散逃亡，屍體無人收殮。幸好「有一個人名叫約瑟，是個義士，為人善良公正……這人去見彼拉多，求耶穌的身體。就取下來用細麻布裹好，安放在石頭鑿成的墳墓裡。」想不

到第七天，耶穌神奇地復活了，墓穴洞開，不見了蹤影。他的門徒彼得聽聞此事，連忙「跑到墳墓前，低頭往裡看，見細麻布獨在一處，就回去了，心裡納悶所見的事。」這便是西方復活節的由來。

對於這塊細麻布的下落，《聖經》經文沒有再作交代。直到1353年，裹屍布到了法國巴黎沙爾尼伯爵手中，並曾於1357年在其領地的利雷教堂公開展出。

1432年，裹屍布又到了薩夫瓦公爵的手中，未久公爵府中不慎起火，殃及裹屍布，所幸此布只是稍微受損。

之後，裹屍布被轉移到義大利都靈大教堂公爵住的地方。1983年，這塊布被鄭重地保存在一個銀盒中，供奉在都靈天主教堂的祭台上，成為一件鎮市之寶，世代承受著基督教信徒的頂禮膜拜。

耶穌裹屍布長4.35米，寬1.09米，上面有一個遭鞭笞和被釘在十字架上的人的血跡影像。影像身高1.8米，長髮垂肩，雙手交叉放置於腹部，在頭部、手部、肋部與腳部有清晰的紅色血漬狀色塊，正與《聖經》上所記載的耶穌被釘死時的狀態相同。

裹屍布真的是耶穌基督受難的遺物嗎？幾百年來，歷史學家、宗教學家、科學家圍繞著它的真偽眾說紛紜，爭論不

休。迫於各方面的壓力，以及人類好奇的天性，1986年9月29日，在義大利都靈召開了一次由教皇科學院院長主持的專題技術討論會，出席會議的有都靈大主教的代表、教皇科學院以及來自法國、瑞士、英國等有科學家共22人。會議達成協議，同意剪取郵票大小的樣品，由世界先進的超高靈敏度的加速器質譜計（AMS）進行測定。

1998年4月21日，不列顛博物館的考古權威和大主教一起來到都靈大教堂，把傳說中耶穌當年受難時的裹屍布剪下長7公分、寬1公分的布條，分成三小塊，在對方不知情的情況下，分別寄往美國亞利桑那大學、英國牛津大學和瑞士蘇黎世聯邦理工學院AMS測年實驗室檢測。

實驗顯示，三家實驗室達到了極佳的一致性，各個結果的差異在120年以內。裹屍布在西元1260年到1380年之間製成的可能性為95％，而有100％的肯定性顯示絕不會早於西元1200年。

1988年10月13日，都靈大主教、紅衣主教巴萊斯特雷羅在召開的記者招待會上正式宣佈：這件幾個世紀以來被基督徒奉為聖品的耶穌基督屍布，並非耶穌受難時所用，而是中古時期織出的一件贗品。至此，所謂的耶穌裹屍布真相大白。

不過，此事後來又出現了另一種說法。據說，有科學家

使用「微化學法」重新對裹屍布進行了取樣分析後，驚人地發現：在1998年的實驗中，三家實驗室的化驗樣品只不過是都靈裹屍布的一塊補丁，而新的鑑定認為，主體部分要比這塊補丁早得多。

這塊補丁是因為失火受損後補上去的，因當時補得非常仔細，加上年代久遠，在試驗前恰恰剪到了補丁部位。試驗顯示，裹屍布的主體部分要比補丁的年代早得很多。

兩個美國空軍學院的科學家傑克遜和裘普早從1974年開始就對裹屍布的照片進行了詳盡的研究。

他們發現，任何一具覆蓋著布單的屍體都會在布單上形成明暗不同的痕跡，暗處是屍體最接近布單的部位，而最明處則表示屍體的這部分離布單最遠。

他們用一種能按照比例計算使平面圖像變成浮雕圖形的高級圖像分析儀對照片做了復原，發現裹屍布上的圖像原來是一個精確的立體形。

雖然裹屍布上圖像之謎被揭開了，但是裹屍布圖像上的立體圖形究竟是怎樣形成的？古代人類是否能掌握立體成形技術？如果裹屍布上的圖像是由焦痕形成的，那麼要有怎樣的燒燙技術才能繪製出這樣一幅圖像呢？

這些在目前依然是個解不開的謎團。

聖牆因何而哭泣

● 如果世界有十分美麗，那麼九分在耶路撒冷。然而，耶
路撒冷的哭牆卻哭了，為什麼呢？

2002年的一天，在以色列耶路撒冷的哭牆處，人們像往常一樣前來祈禱。突然，在哭牆男士朝聖區的右邊，也就是接近女士朝聖區分界線的地方，從一塊巨大石磚的縫隙處流出了水滴。人們發現，在牆上居然留下了一塊長30公分，寬10公分的明顯水漬。這使在場的所有人目瞪口呆，那堵被稱作哭牆的牆，竟然真的哭了起來！為什麼哭牆會哭？而真相又到底是什麼呢？這是怎麼回事呢？

一些猶太教的神祕教派指出，在他們的典籍中預言，若哭牆流淚的話，世界末日就會來臨。另一位猶太教拉比佛洛曼更大膽預言：「人人皆知的預言說，當牆壁的石頭冒出水

來，便是彌賽亞降臨的前兆。」

耶路撒冷在希伯來語中的意思是「和平之都」。但和平對於耶路撒冷來說似乎很遙遠。三千多年來的耶路撒冷，伴隨著的盡是戰爭、殺戮、爭端、毀滅與重建，使得耶路撒冷充滿了謎一樣的歷史。

西元前586年，新巴比倫（今伊拉克）國王尼布甲尼撒二世攻陷耶路撒冷，入侵者點燃王宮與聖殿，大衛及所羅門之國陷入了痛苦與黑暗之中。

然而，有時災難總是與輝煌並存。西元前63年，羅馬攻佔耶路撒冷時，他們驅逐了城內的猶太人。羅馬人在巴勒斯坦對猶太人的暴政引發了四次大規模的起義，羅馬人進行了血腥鎮壓，屠殺了一百多萬猶太人，大批猶太人被掠往歐洲，淪為奴隸。劫後餘生的猶太人紛紛外逃，拉開了猶太人長達近2000年悲慘流散生活的序幕。

而羅馬任命的希律王不知出於何種原因，在所羅門聖殿的遺址上又修建了新的聖殿，也是後來所稱的第二聖殿。建築的成就讓人驚奇。一位仰慕者說：「未曾見識過輝煌的耶路撒冷之輩，即未見識過美麗的城市，未曾見識完整的聖殿之徒則一生未見識過一座壯麗的建築。」從耶路撒冷的每個居所望去，必然能看到聖殿輝煌的輪廓。

想不到毀滅來得如此急切。不久後，羅馬帝國把這座巨型的建築傑作變成了一堆廢墟。羅馬將軍提度斯再次攻陷耶路撒冷，拆毀聖殿，實現了耶穌「將來這裡，沒有一塊石頭可以留在一塊石頭上而不被拆毀」的著名預言。西面的殘垣頹壁成了聖殿遺留的血漬。聖地被野蠻地踐踏，令猶太人悲哭呼號，慘痛悽愴。在苦難中掙扎的猶太人一刻也不會忘記自己所經受的痛苦，家園支離破碎，流浪的命運時有發生。不少猶太人在聖殿的遺跡西牆，祈禱和平和悲思舊國，「哭牆」之名，從此不脛而走。

西元前10世紀左右，以色列王大衛打敗了迦南人，定都耶路撒冷。此時，一件影響耶路撒冷的歷史事件發生了。大衛佔領耶城後，下令將象徵著神的「約櫃」從示羅城迎來此地。從那一刻開始，耶路撒冷踏上了它崇高地位的第一步。

那只是序曲。大衛王的兒子所羅門繼位後，一心要尋找另一種榮耀超越自己不凡的父親。他修建起了一座聖殿，將與神同在的象徵「約櫃」放置其中（傳說，約櫃裡裝有上帝親手書寫的「十誡」，隱藏著上帝與人類的終極連結）。於是，這座聖殿成為希伯來世界的精神中心。

所羅門聖殿的建立，使所有的眼睛都轉向耶路撒冷，它出現於人們的祈禱中，朝聖者甘冒路途的危險在每年重大節

日之際登上它的階梯。耶路撒冷被稱為「上帝腳掌所踏之地」。耶路撒冷確立起了神聖的地位，聖地初現光明。

西元3世紀，君士坦丁一世的母親希拉娜太后巡遊耶路撒冷，命令在耶穌的墓地上修建了一座復活教堂，又稱聖墓教堂。此後的歲月，基督受難的遺物：十字架、釘子、荊棘冠、海綿、笞鞭被一一發現。耶路撒冷聖地的宿命不可改變。

現在的猶太人無論有何差別，都記得自己是那個千年前輝煌民族的後人，即使走到世界何處，都不曾忘記自己是猶太人，不曾忘記這個民族的千年悲歡離合，不曾忘記心中的聖地耶路撒冷，更不曾忘記那堵沉默哭牆。猶太人的後裔們，一生中總是渴望有一個機會來到哭牆下。

哭牆會哭雖然被證明是自然現象，但人們仍舊希望，總有一天，和平會降臨這片土地。那時，人們將不再互相殺戮，那時，哭牆將不再流淚！

佛門舍利子

● 大師圓寂，功德圓滿，舍利遂傳。

　　佛陀釋迦牟尼逝世後，遺體經弟子阿難等人火化後，獲得舍利子無數，據說分成三份，一份升天，一份入龍宮，一份留存人間。保留在人間的一份，由摩揭陀等8國均分，各建佛塔以志永久紀念。

　　歷代高僧火化後也時有舍利出現，如後秦鳩摩羅什的舌舍利、唐玄奘的頭骨舍利、民國太虛的心臟舍利和印光的五色舍利等。舍利子是怎樣形成的呢？

◆ 一、修煉氣功的境界

　　氣功家在修煉氣功過程中，在調神、調息和調身的氣功三要素要求下，人的思維活動長期處在守竅運氣、鬆靜自如、恬淡虛無的絕對入靜境界，最大限度地獲取自然界的真如能

量，達到天人合一，內外身心充分和洽，精氣神相依轉化，進而生發出大無外、小無內的混元（陰陽環抱的太極）現象。這樣全身的精神和物質力量逐漸凝結聚集而出現舍利子。

然而，從歷史文獻和氣功實踐來檢驗，不論是中國的儒、釋、道各家氣功還是印度的瑜伽術，都從未發現有人在氣功修煉者死後火化發現舍利的現象，即使在道家的經典或史籍中也無此事實。

◆ 二、舍利其實是結石

香港某報曾發表《佛門舍利子本是鈣化結石》一文。該文認為，「所謂舍利子，其實是人體內的結石，尤以腎結石和膽結石為多」，「因為僧人起居以坐為主要姿態，而吃進體內的又多是植物纖維，不易消化，加之長期取坐姿，體內纖維堆積過多，久而鈣化成結石。」

著名老中醫董竟成在《法音》撰文，以其淵博的醫學理論和豐富的臨床經驗說道：從現代醫學角度來分析，凡人體內患有此兩種結石之一者，必然發生劇烈疼痛。腎結石有腎絞痛和血尿出現，膽結石易發生膽絞痛或黃疸，都無法忍受其痛苦而求醫診治，絕不可能貽留到死而不去治療的。而且，如果舍利子即是結石，無論是生在腎臟或膽囊，都不會沒有反應，也不可能長期忍受痛苦而不延醫求治的。

　　據文獻記載，有些高僧死後火化所得舍利，為數竟達數百甚至數千顆。如此眾多的舍利子，若說都是結石形成，試問體積有限的腎臟或膽囊如何容存？而且這些僧人，生前健康，都未聞發現結石症狀，這又如何解釋？醫學理論告訴人們，泌尿系統結石系人體代謝失常，尿路梗阻或感染等原因，使尿中鹽類沉積而成。

　　至於膽結石，是膽汁鬱積，膽管感染及膽固醇代謝失調，膽汁含量相對或絕對地增多，呈現飽和狀態，就容易析出結晶，進而形成了結石。由此可證，所謂植物纖維堆積過多，久而鈣化成結石的結論也是不正確的。

　　董醫師斷言：有些以坐禪甚至通宵坐禪而不臥為修持的僧人，他們吃的也是素食，多是植物纖維，然而死後火化，卻不一定發現舍利子。而出現舍利子的人，也不一定是以坐禪為主，甚至也不一定長期素食。

　　據資料記載，有些整天臥床吃花素念佛的老嫗死後火化也有出現黑色舍利的，可見舍利子的形成，與長期取坐姿與素食沒有必然的聯繫。

◆ 三、佛教修行的最高境界

　　據《元鏐續霏雪錄》曰：「舍利，按佛書室利羅，或設利羅，此云骨身，又曰靈骨。有三種色，白色骨舍利，黑色

髮舍利，赤色肉舍利。」又《金光明經舍身品》說：「此之
舍利，乃是無量戒定慧香之所熏馥。」聖嚴法師認為：「肉
食者死後火化也有舍利子，此與肉食與否無關，也與解脫與
否無關，凡是修定，或是凝心、儷心而達到修身目的的人，
燒了會有舍利子。」

　　通常說：要修持戒、定、慧三學的人，才有舍利子。但
是舍利子本身是人體分泌物結晶和凝結，它有若干程度的神
聖和神祕，為佛教徒所重視，但未必是佛教徒的大事，解脫
生死才是根本大事，因為這還是屬於界內色身的變現，終究
不出無常的範圍，這才是聖者所重視的。

　　學者分析說：整日臥床吃花素吟佛的老嫗雖不一定明瞭
佛理，但由於其思想已達到一心不亂的地步，所以死後火化
也能出現黑色舍利，且由於她不明佛理，因此其修行根基較
差，出現的舍利子細小而色差，不過，比較那些只談高深理
論而無實際修持者自然高出一籌了。

　　人死後火化出現舍利子的科學原理，目前還沒有找到真
正的根源，還需要醫學、生物學，尤其是佛教界的相互配合
而研究發掘。

1508 年羅馬教皇教諭逸失了嗎

● 一紙教諭神祕失蹤，能說明什麼呢？特權的失效，還是教皇權威的失落。

　　在殖民地時期的美洲，羅馬教皇頒佈了一項教諭，宣佈永久授予西班牙國王教職人選推薦權。然而，在羅馬和馬德里都沒有保存這份重要文件的原本，這就引起了人們的猜測：也許這份教諭根本就不存在，其文本只是偽造的。

　　關於教諭原本的逸失，首先引起了羅馬教廷的關注，因為沒有原本，所述的國王特權也就無效了。所以，有人揣測梵蒂岡可能隱瞞或銷毀了教諭原本，並且其代理人也銷毀或竊取了存放在馬德里檔案中的原本。事情的真相到底是怎樣呢？

　　15世紀末，西班牙在歐洲和美洲都取得了重大的政治經濟和軍事成果。1492年年初，西班牙人奪占了格拉納達，進而結束了收復失地運動。同年10月12日，哥倫布發現美洲，並開始準備征服新大陸的活動。

　　這一時期，由於西班牙君主與羅馬教皇保持著盟友關係，所以羅馬教皇立即把向印第安人傳播基督教的使命委託給西班牙王室。次年5月4日，亞歷山大六世的教諭把過去給予葡萄牙國王對其殖民地的一切權利的特權也授予西班牙君主。

　　然而，美洲的發現和征服迅速增強了西班牙的政治經濟實力。一方面，羅馬教廷也十分垂涎美洲的財富，力圖分得一杯羹。因此，到16世紀初，王權和教權不可避免地開始明爭暗鬥。

　　在西班牙的壓力下，羅馬教皇在1501年11月16日的教諭中宣佈，把在海外領地收取什一稅的權利授予王室，同時國王有義務建造宗教設施和幫助維持教士的生計。但是，亞歷山大六世的教諭還不能完全滿足西班牙王室，同時國王的這些權利也沒有得到明確和系統的闡述。

　　另一方面，羅馬教廷也是不甘心它在美洲的被動和受控制的地位的。它不顧過去授予西班牙國王的權利，而利用伊莎貝拉女王彌留之機，1504年11月15日教皇胡利奧二世頒佈

新教諭，越俎代庖地宣佈在小西班牙島上建立三個主教管區，並授權有關的神職人員收取什一稅和實物稅。無疑，這是對王權的挑戰。

女王去世後，其丈夫斐迪南國王忙於應付因卡斯蒂利亞和阿拉貢統一而出現的複雜的政治問題，因此只能在十個月之後他才對新教諭做出反應。

鑑於教廷不尊重王權，1505年9月13日國王指示其駐羅馬教廷的大使，要求教皇頒佈特別教諭，把教職人選推薦權永久授予西班牙君主。

經過近3年的談判和施展各種計謀，教皇才被迫同意斐迪南五世的要求。這樣就產生了1508年羅馬教皇教諭，它永久授予西班牙國王一系列特權：向教皇推薦殖民地的主教銜和其他教職人選，自行任命副職教士；按其意見組建主教管區和教區，以及變更其界限，收取什一稅和其他教會賦銳。還規定，西班牙教會的最高權威──塞維利亞大主教，同時是殖民地教會的首腦。

這份教諭不僅豐富了西班牙國王的教職人選推薦權的基本內容，而且使之成為國王對教會的一種保護制，實質上成為國王控制教會的一個重要手段。但是，如此重要的原始檔案卻同時在羅馬和馬德里逸失了，這是一個偶然的事件嗎？

　　1946年，耶穌會教士佩德羅‧萊圖里亞發表了一篇專題論文，他援引了不少證據，證明了1508年羅馬教皇教諭原本確實是存在過的。他還在所保存的抄件基礎上，重新構成了教諭原本。

　　也有人認為，梵蒂岡覺得國王的教職人選推薦權是對教廷榮譽的侮辱，是其歷史上屈辱的一頁。因此，1917年天主教會編纂的《教會法典》規定，將來任何時候都不得授予這種特權。

　　這份文件的兩份原始資料為什麼會同時逸失？它的逸失是偶然的，還是一個深思熟慮的計謀？假如是計謀，那麼它是由哪一個人指使，何人編織和實施的？

原始部落的「處女禁忌」

● 與原始部落的「處女禁忌」相對比，現代男人強烈的處
女情結是進步還是倒退呢？

　　在澳大利亞的一些原始土居部落裡，如果有人結婚，人
們就紛紛前來祝賀，大家盡情地跳舞、喝酒。狂歡達到高潮
時，部落裡的一些人把新娘簇擁到另一間房間裡，用石器或
其他工具破除她的童貞。然後，由一個人帶著沾有處女血的
東西向大家展示。至此，婚姻儀式才算真正完成。這種做法
意味著什麼呢？

　　在澳洲某些原始部落中，當女孩到達青春期時，就由年
老的婦女弄破處女膜。在赤道非洲的馬薩，在馬來西亞沙凱
族，蘇門答臘的巴塔斯族都有這樣的習俗。誰來弄破處女膜
呢？有些部落請丈夫的朋友，有的則由姑娘的父親，有的則

由部落裡的特殊的人物。在西里伯爾的阿爾福族那裡，新娘的父親充當這種奇怪的角色，在愛斯基摩人的某些部落裡，巫師幫助新娘弄破處女膜。在《馬可·波羅遊記》中曾介紹過，雲南邊界某些少數民族向陌生人獻出童貞。

在古希臘，處女在神廟前向神的代表獻出童貞。在中世紀，歐洲領主擁有女子的初夜權，可能也是一種處女禁忌的遺風。在印度的不少地區，新娘用木製的「神像生殖器」破除童貞。但是，完成這一人生使命的絕不是新娘的丈夫。

這種文明之前人類流行過的現象反映了一種群婚的殘餘，也反映了貞操觀念是人類社會後期有了一夫一妻制婚姻後才發展起來的。在上述一些原始部落裡，新娘、新娘的丈夫，大家都不僅不重視處女的童貞，甚至懷有對童貞的深深的恐懼。因此，出現了由第三者幫助破除童貞的婚姻現象。

對這種婚姻現象，心理學家們和對原始人類史和民俗學缺乏瞭解的人會認為是不可思議的。但它真實地存在過，並且至今也還在世界的某些地區真實地存在著。那麼，這種處女禁忌是怎麼產生的呢？

◆ 一、群婚生活時代的心理沉澱

史前人類的性自由留下了不少殘留現象，例如，婚前性自由是一種群婚殘餘；雲南文山地區的「牛馬節」是一年中

的幾天表現為群婚殘餘。處女禁忌由第三者，並且常常由男性真實地或儀式化地進行。

◆ 二、對處女流血的一種恐懼

原始民族大多對紅色有一種神祕的心理，原始埋葬中常常把紅色粉末作為殉葬品，認為它能注入生命的活力。另外，原始人有渴血情操。他們喝動物的或敵人的血，血會引起原始人瘋狂的殺欲。

在安達曼群島上的安達曼人那裡，女孩子初潮時有許多禁忌，例如不得外出，不得用原來的名字等。處女禁忌也可能有類似於月經禁忌那種神祕的恐懼感在起作用，害怕流血會帶來可怕的禍害。而這種禍害與結婚的喜悅是矛盾的，作為避免的方法，就由第三者來承受可能帶來的禍害。

◆ 三、期待和焦慮的心理造成

原始人對各處新奇的事情總是伴隨著一種神祕、緊張的心理，作為緊張心理的外觀，往往產生種種儀式。當莊稼剛剛成熟時，當家畜生了小家畜時，當夫婦有了第一個孩子時，當一塊林地剛剛開墾時，原始人都會產生這種心理，並用一定的儀式來表示。就像今天人們建造大廈、展覽會開張要剪綵一樣。

成婚是人生的一大里程碑，比出生、成丁意義更加深遠。

作為一種紀念，採用類似成丁禮一樣的忍受某種折磨的儀式，
也就比較容易理解了。

◆ 四、避免對男女雙方的傷害

心理分析學之父佛洛依德則認為，就女性來說，初婚導
致肉體器官的受損和自惡的心理創傷，這種心理常常表達為
對於逝去的童貞的悵惘和惋惜，表現為對奪去其童貞的人的
一種深刻的惱怒。而處女禁忌則使將來要與這個女子共處一
生的男人避免成為女子內心惱怒的對象，避免婦女因童貞的
喪失而產生對丈夫進行報復和敵對的心理。

而對男子來說，原始人把女子看成神祕的，令人恐懼的，
害怕女子在初婚時會對丈夫造成某種危險。因此，處女禁忌
對丈夫也認為是有益的。各種解釋都有一定的道理，但究竟
哪一個更合理呢？

印尼千年佛壇之謎

● 婆羅浮屠是印尼著名的千年神壇，但它的真實面目一直
是個謎。

印尼爪哇的婆羅浮屠是最奇異的佛教塔廟，它位於印尼爪哇島中部馬吉冷婆羅浮屠村，距首都雅加達東南約400公里，文池蘭西南，東南340公里處就是日惹，高大的佛塔和神壇是寺院中最為引人注目的建築。

「婆羅浮屠」為梵文音譯，意思是「山丘上的寺院」。婆羅浮屠素有印尼的金字塔之稱，又稱「千佛壇」。這個大乘佛教藝術古建築同中國長城、埃及金字塔、柬埔寨吳哥窟齊名，對研究印尼歷史、文化和藝術具有重要價值。

傳說，在西元8世紀的爪哇，強盛的夏連特王朝的統治者皈依大乘佛教。他們使用當時最先進的技術，大約在西元

800年建造了這座設計精良的石頭佛塔。婆羅浮屠塔建築在默拉皮火山山麓的一個長123米、寬113米的矩形小山丘上，周圍有4座火山。

佛塔是由附近河流中的安山岩和玄武岩砌成的，塔的建築採用大乘和密宗教義的結合形式，整個建築物猶如一個巨大的曼荼羅（壇場）。在建造時，共用了近225萬塊岩石，底層用每塊重約1噸的巨石鋪就，總體積達5.5萬立方米。

婆羅浮屠構圖精美，氣勢磅礴。它呈金字塔形，可抬級而上。佛壇共有9層，在外形上如階梯狀的錐體。上面3層為圓形，下面6層似方形：包括一個正方形的塔基和5層帶邊的牆的平台組成。塔基地面部分占地1.23萬平方米，由5層帶邊的牆的平台組成，並裝飾著數以千計的反映佛陀生活的雕刻。

方形平台上是4層圓形平台，上面豎立著72座鐘形佛塔或佛龕，每座佛塔內都罩著一個環繞著中央大塔而建立的佛像。各層平台向上依次收縮，在頂部有一座主佛塔，直徑9.9米，高7米。

原高42米的塔因主佛塔頂端觸雷而毀掉，留下的部分只有近35米。佛教徒必須按特定的路線登婆羅浮屠：從東面進入，按順時針方向繞行。走向廟頂象徵著一個人逐步達到完

美的精神境界。

當時為了修築婆羅浮屠塔，成千上萬名工人、工匠、雕刻師和藝術家都參與了建築，工期長達七八十年。但是，出人意料的是，這個傑作壽命卻異常短暫，在西元10世紀佛壇就人們被廢棄了，任其悄然崩塌、被叢林蠶食。有人說，1006年此地發生了默拉皮火山噴發和地震，婆羅浮屠周圍的居民因此紛紛逃離，使這個著名的建築荒廢了800多年。

這個被深深埋藏在灌木叢中的文化遺跡直到1814年才重新被發現，得以重見天日。1907年到1911年，荷蘭考古學家希歐多爾‧範‧埃爾普對婆羅浮屠進行了第一次修復工作，他拆除並重建了三個圓台和窣堵波。

在20世紀70年代和80年代，印尼政府對婆羅浮屠進行了一次大規模的修繕。他們借助於電腦技術將石塊進行復位，在10年時間裡總共搬運了一百萬塊石頭。1983年2月23日，人們為婆羅浮屠舉行了竣工典禮，這個世上最大的佛殿才得以重賦舊貌。

然而，婆羅浮屠謎一樣的身世並沒有隨著它的重建而消失，相反，人們看著現在的婆羅浮屠塔，就更對原來的塔產生了種種疑問。

婆羅浮屠是一個特別的古蹟。它不是寺廟，因為它沒有

膜拜或祭祀的地方，它是一個巨大的佛陀神殿，既是窣堵波，又是曼荼羅（壇場）。夏連特拉王朝為後人留下了這個千年不朽佛壇，卻缺少文字記載，它的歷史面目，它的來龍去脈，後人知之甚少。因此，圍繞夏連特拉王朝因何建築千年佛壇，出現了種種不同的意見。

有的學者認為，婆羅浮屠是爪哇人祖先建造的。夏連特拉王朝本是爪哇一個崇尚佛教的王族，在它興起和強盛之後，統治者為了在人民心中樹立一個崇拜的偶像，不惜動用大量的人力和物力，修起了這座宏偉的佛教建築。在一些表現佛陀生活的群雕中，多處出現爪哇祖先居住的房屋、廟宇以及生產工具，這就是證明。

印度學者有的學者則認為，夏連特拉是梵文「山嶽之帝」的音譯，而「山嶽之帝」是當時印度對濕婆神的尊稱，而南印度潘迪亞王朝就有「米南基塔·夏連特拉」的稱號。由此可見，建造婆羅浮屠的夏連特拉人可能是南印度潘迪亞人，而塔上的雕塑所帶有的濃郁的印度古典色彩和陵廟風格說明了這一點。

婆羅浮屠的真實面目，至今還是個謎。

阿爾忒彌斯神廟之謎

● 阿爾忒彌斯神廟雖然只剩下一根柱子殘存下來，卻依然
無法抹去它曾經的輝煌。

阿爾忒彌斯是希臘神話中的狩獵女神，掌管狩獵，照顧
婦女分娩，保護反抗和蔑視愛神的青年男女。

對古代希臘人來說，狩獵可不是休閒娛樂項目，而是養
家糊口的主要方式之一。因此，作為古希臘神話中的狩獵女
神，阿爾忒彌斯深受希臘人民愛戴。為了表示對她的虔誠，
大約在西元前550年，古希臘人修建了舉世聞名的阿爾忒彌
斯神殿。阿爾特彌斯神廟規模宏大，曾被列入世界七大奇觀
之一。

神殿坐落在古希臘城邦埃斐索斯境內，就在今天的土耳
其西海岸。西元前550年，建築師Samos、Chersihon及他的

兒子Metagenes設計建設了阿爾忒彌斯神殿,神殿建築以大理石為基礎,上面覆蓋著木製屋頂,是當時世界上最大的大理石建築,占地面積達6050平方米,比一個足球場還要大。

整個神殿最著名的是內部的兩排愛奧尼亞柱式大理石立柱,至少106根,每根大約12至18米高。神殿內外均由當時著名的藝術家以銅、銀、黃金及象牙等浮雕裝飾,在華美奇麗的神殿中央有一個「U」形祭壇,擺放著阿爾忒彌斯女神的雕像,供人膜拜。

阿爾忒彌斯神殿曾經歷過7次重建。西元前356年,神殿為大火及侵略所毀,重建的時候,大理石柱長度增至21.7米,並且多了十三級階梯圍繞在旁邊。

西元5世紀前期,東羅馬帝國佔領了埃斐索斯,它的皇帝奧德修斯二世是個狂熱的基督教信徒,根本不信什麼狩獵女神。在奧德修斯的命令下,阿爾忒彌斯神殿被徹底摧毀,從此永遠在世界上消失了。

這座女神廟現存的遺址還包括一個劇場、競技場、集市、浴室和塞爾薩斯圖書館。眾多的石柱也只剩下唯一的一根了,石柱上居住著一對仙鶴。阿爾忒彌斯神殿的柱子是史學界的一個未解之謎。

古蘭經裡的 19

● 《古蘭經》能夠傳頌千年已是非常神奇，可是它與19的
關係更是撲朔迷離。

　　《古蘭經》是伊斯蘭教唯一的根本經典，也是歷史上阿
拉伯人的第一部書籍。《古蘭經》又譯《可蘭經》。《古蘭》
是阿拉伯字的音譯，意為「誦讀」或「讀本」，是穆罕默德
在23年（西元610—632年）傳教過程中作為「安拉」的「啟
示」陸續頒佈的經文，為伊斯蘭教最高經典和最根本的立法
依據。穆斯林相信真主以往降示給不同民族的一切啟示和經
典，《古蘭經》是真主頒降的最後一部天經，是頒降給全人
類的。

　　穆罕默德在世時，《古蘭經》只是零散記錄，並未成冊。
後來經穆罕默德的繼任者艾卜·伯克爾令人整理，輯繕保存，

到第三代哈里發奧斯曼時期正式形成，並規定為標準本，又稱「奧斯曼定本」，流傳至今。

《古蘭經》的原文為古阿拉伯文。計有30卷，114章，6200餘節，現已有多種文字的譯本。中國舊譯為《古爾阿尼》、《可蘭經》、《古蘭真經》、《寶命真經》等。中世紀伊斯蘭經注學家根據經文的表述，說它有55種名稱，其中常以「克塔布」（書、讀本）、「啟示」、「迪克爾」（贊念）、「真理」、「光」、「智慧」等來稱呼。

《古蘭經》在阿拉伯文學史和伊斯蘭教文化史上有著極為重要的地位。長期以來，不知有多少學者以各種方法，從不同角度對它進行了研究。最近，又有人講《古蘭經》的原文輸入電腦進行分析，結果出現了許多令人注目的資料。其中最為奇妙而有趣的，就是《古蘭經》與十九居然有著不解之緣。

《古蘭經》全書共有114章，而114恰是19的6倍。經書的第一句話由19個字母組成，這19個字母形成「名——安拉——大仁的——大慈的」四個單詞，其中：「名」在全書共出現19次，「安拉」出現2698次，「大仁的」出現57次，「大慈的」出現114次，而這些單詞出現的次數，都是19的倍數。

　　第96章是最早頒佈的《古蘭經》經文，而此章按《古蘭經》章次編排順序算，是倒數第19章，由19節經文組成，共有285個字母，這285又是19的15倍。此外第96章的第5節經文，由19個片語組成，這19個單詞，根據《古蘭經》奧斯曼原本，則是由76個阿拉伯文字母組成，而76也是19的倍數。

　　《古蘭經》第50章第一節是用「戛弗」這個字母開頭的，這個字母在這一章裡共出現57次，57是19的3倍；第68章第一節是用「怒呢」開始的，這個字母出現133次，這個數也是19的倍數（7倍）；第7章、第19章、第38章，這三章的章首皆用「薩德」這個字母開始，而這個字母分別在這三章中都各出現152次，每次都是19的8倍……

　　《古蘭經》中曾提到很多數字，如「40天」，「12道泉水」，「7重天」，「100年」等，全書總共出現過285個類似數字，這285是19的15倍。如果285個數位各所包括含有的數相加，其和為17.4591萬，又是19的倍數。類似上述《古蘭經》與十九的關係，經電腦分析不勝枚舉。這些奇趣現象是耦合，抑或別有它因？不得而知。

　　許多人對這些事實進行了驗證和核查，結果發現皆是如此，毫無例外。《古蘭經》和19這個數字有如此密切的關係，其原因何在，任何人都無法做出答覆，對於今天的人類來說，這仍然是個謎。

非洲屋脊的獨石教堂之謎

● 非洲有12座獨特的教堂，它們竟然是在一塊完整的石頭
　上鑿出的。

　　拉利貝拉是埃塞俄比亞沃洛省的一個古老小城，位於埃塞俄比亞首都阿迪斯阿貝巴北部300多公里的群山中，在這裡保存著埃塞俄比亞古老文化的精華——拉利貝拉教堂群，奇特的獨石教堂被譽為「世界奇蹟」之一。

　　拉利貝拉城曾是紮格威王朝的首都，舊稱羅哈。1181年，紮格維王朝的一個名叫拉利貝拉的王公做了國王，將羅哈定為國都，於是後人將羅哈稱為拉利貝拉。拉利貝拉國王崇信宗教，是一名具有高度熱忱的、虔誠的基督徒。有一次他夢見自己到了耶路撒冷，為了表示對上帝的虔誠，他下決心在色彩斑爛、堅固的火山凝灰岩地帶的山岩中鑿建一座教

堂聖城，為此，從耶路撒冷和亞歷山大城請來了熟練的工匠，並配以大量的當地勞力。據說天使安琪兒也在這裡幫忙。

當拉力貝拉於1212年去世後，他的人民為了紀念他，建造了一座教堂。這座叫做戈爾戈塔的教堂也是埋葬拉力貝拉國王的墓地，室內有雕刻精緻的凳子，雕有十字架的擋板，據說都是國王的遺物。

國王下令後，5000多名石匠在建築大師錫迪‧梅斯方爾的帶領下，花費了30年的時間，終於在埋於地下的五、六層樓高的整塊岩石中開鑿出12座獨石教堂。由於教堂完全鑿建在山體岩石內，工程異常艱難。首先要在山坡上尋找合適的完整的沒有裂縫的巨型岩石，除去表層浮土和軟岩，然後把四周鑿出12米～15米深的溝槽，使其與整個山體完全脫離。爾後在巨岩石內預留牆體、屋頂、祭壇、廊柱、門和窗，再極其艱難而小心地將岩石內不要的石塊一點一點鑿掉，形成空間，接著，在石壁上精雕細鏤，最後成為一座具有特殊質感和觀感的教堂。

這些教堂是在不同顏色的岩石上開鑿的，顏色、大小、都不相同，建築式樣也各有特點。但共同點是都沒有使用一點灰漿、黏土等，都有古老的阿克森姆式的石碑尖頂、門窗和開鑿成的象徵性橋樑。12座教堂之間有地下過道和岩洞相

互接通。

最大的一座獨石教堂是梅德哈尼‧阿萊姆教堂，意即救世主教堂。它是在紅色岩石上開鑿出來的，長33米，寬23.7米，高11.5米，共有28根石柱。瑪麗亞教堂的內部建築藝術最為精美，天花板和拱門上都有用紅、黃、綠等顏色繪成的幾何圖形和動物圖形，令人賞心悅目，贊聲不絕。

戈爾戈塔──米凱爾教堂裡埋葬著拉利貝拉國王，室內有雕刻精緻的凳子，雕有十字架的擋板，據說都是國王的遺物。而聖齊治教堂造型最為奇特，整個教堂被鑿成十字架形，從上面看，猶如一個巨大的十字架放在地上。

拉利貝拉國王去世後，這裡的王府及四周土地遂歸國家基督教堂所有。在後來的幾個世紀中，由於這個地區遠離商路和如今的公路，又被茂密的森林所包圍，埃塞俄比亞人民所創造的這一傑作逐漸與世隔絕，長久不為世人所知。直到1974年，拉利貝拉的獨石教堂才被重新發現，像新發掘出的一顆明珠，展現在人們的面前，放射出耀眼的光芒。

「德姆卡多」是基督教洗禮之日的祭典，每當到了這一天，拉利貝拉岩石教堂周圍的岩壁上，就會擠滿成千上萬聽祭司說教的人群。凡是參加「德姆卡多」祭典的少年們，都必須盛裝打扮。在少女們的低聲祈祝中，他們雙手捧著神具，

跟隨著大人進入設在廣場上的小木屋裡。夜晚，人們宿住於此，做虔誠的祈禱。

黎明時分，教堂的晨鐘響起後，修道士們就開始對巡禮者說教。祭司會將祝聖過的聖水分灑給在場的每一個人，意味著耶穌的保佑。在隨後的祭祀活動上，一個被稱為「達玻多」的十誡木板會從教堂裡面運出，象徵著摩西從耶穌那兒得到了十誡。在木板的中央，還有一幅聖徒降服巨龍的圖畫。最後，這個十誡木板要被安置在廣場上搭建的小木屋裡。

「德姆卡多」祭典一共要連續舉行三天，是埃塞俄比亞高原上最大的宗教性活動。

木乃伊的心跳？

● 木乃伊可能很多人都見過，然而你見過心臟跳動的木乃
　伊嗎？

　　埃及是一塊神祕的土地，這裡保存了世界上最完好的木
乃伊，規模之大著實讓世人為之驚歎。然而，隨著一具具木
乃伊的出土，一件件令人震驚、神祕的蹊蹺事也不斷湧現出
來。在盧索伊城郊外出土的一具木乃伊裡裝有一個奇特的心
律調節器，便讓世人為之震驚。

　　一天，在埃及盧索伊城郊外出土了一具木乃伊，當人們
將木乃伊抬出墓穴，對其進行初步處理的時候，一名參與處
理工作的祭司似乎覺得這具木乃伊存在某些與眾不同的地方，
於是他就仔細地檢查眼前的木乃伊。令人震驚的是，從這具
木乃伊體內發出了一種奇特的有節律的聲音，而且聲音是從

心臟發出來的，彷彿是心臟在跳動時所發出的聲音。難道是這個死者的心臟還在跳動嗎？這實在令人難以置信。

在場的人無法解開聲音之謎，也不敢去拆開那纏滿白麻布的屍體。於是將這具奇特的木乃伊送到了具有豐富經驗的開羅醫院。

開羅醫院對這具木乃伊非常重視，立刻組織了一批經驗豐富的專家進行檢查，然而，經過仔細檢查，他們仍然無法從屍體的表面查清聲音存在的原因，於是決定進行解剖檢查。

醫生們將纏滿屍體的白麻布拆開，對屍體進行了解剖，在屍體心臟附近發現有一具心律調節器。這個能在兩千多年後仍然跳動的黑色心律調節器引起了醫生們的極大興趣，他們利用先進的儀器對其進行了測試，發現這個心律調節器是用一塊含有放射性物質的黑色水晶製造的。

在世界上現存的水晶中，人們從未見到過黑色的水晶，而只見過白色的和少數淺紅色的或紫色的水晶。那麼這塊水晶是從哪裡來的呢？專家也無法給出答案。

雖然這具兩千五百多年前的心臟早已乾枯成為肉乾，但它還是隨著心律調節器的韻律而跳動不止。它那「怦怦」的跳動很有節奏，每分鐘跳動80下，人們可以清楚地聽到。

這一驚人的消息震驚了世界，眾多的考古學家紛紛來到

開羅醫院參觀這具木乃伊，大批電子學家也對這個心律調節器產生了極大的興趣。面對這具木乃伊，人們只能用「歎為觀止」來形容。

那麼，在2500多年前能懂得黑水晶含有放射性的物質並可以使心臟保持跳動的是些什麼人呢？此外，又有人提出，作為協助心臟工作的心律調節器，一定是在人活著的時候被安放到人體內的。那麼在古埃及落後的醫學條件下，人們又是如何將如此先進的心律調節器放入人的胸腔裡去的呢？這是一個令人百思不得其解的問題。

面對這一系列難題面前，所有的專家都陷入了深深的思考，然而卻都無法給出一個令人信服地答案。有人認為，在文化發達的古埃及可能存在過一些具有特殊能力的術士，這一歷史奇蹟就是這些術士利用奇異的手段創造出來的。那麼，這個黑色的水晶心律調節器是由什麼人製造並植入人體內，它到底來自何處呢？是否與傳說中的外星人有關係呢？這一切的謎底只能留待後人來解開了。

巫師的「煉屍油」

● 屍油，一個很可怕的名詞，在泰國卻被奉為神物。

　　驚悚電影《雙瞳》中有一個令人恐懼的鏡頭：一具女嬰屍體被泡在藥水罐裡，具有一股神祕的詭譎氣氛。

　　而在真實世界裡，泰國曼谷郊區的小佛寺中，就真有這麼一個泡著嬰兒遺體的大罐子。罐子裡的遺體雖然沒有恐怖的雙瞳，卻是一具「雙頭」連體嬰屍體，當地人則稱之為「雙頭神嬰」。

　　相傳「雙頭神嬰」特別具有靈氣，信眾在不到二坪的斗室中求財求子的時候，會有一種不寒而慄的感覺。

　　許多國家和民族的傳統都講究入土為安，人死後埋到土裡才能讓亡靈安息並順利投胎轉世。在佛教盛行的泰國，人們對於生死的看法相當超然，如果有嬰兒夭折，父母會將死

去的嬰孩屍體放置在佛寺中，等待法師做完法事後下葬；但一些特別具有靈性的嬰靈，卻會被保存在自己家中供奉著。因為，篤信佛教的泰國人相信，如果嬰兒在母親體內夭折，或者一出生便死去的話，其遺體就特別有靈氣，泰國人稱這些嬰靈為「神嬰」。

泰國是個旅遊業發達的國家，遊客走在泰國的傳統市集中，很容易會發現一罐罐橙黃色、類似花生油的小瓶子，小販往往會說那是屍油，但據當地導遊揭露大部分屍油都是假的，沒有這麼多屍體可以提煉屍油，只有由山區巫師所提煉的屍油，才是如假包換的嬰屍油。

泰國巫師提煉的屍油是一種神祕的東西，有些隱居在泰北偏遠山區的巫師，若知道村落中誰家有嬰兒夭折，就會主動與嬰兒父母洽談，欲用金錢交換嬰屍，以煉取屍油，好輔助自己施展邪術。

擺放「雙頭神嬰」的寺廟非常出名，它距曼谷市中心有一小時車程，信徒來到寺廟，會感覺佛寺大堂高聳的外觀被一股莊嚴之氣籠罩著，有一種不寒而慄的感覺。

越過寬廣的中庭後，即出現這間存放「雙頭神嬰」的低矮小屋，一群黑貓盤踞在小屋前，更增添一股詭譎的氣氛。

其實，在泰國，多數死去的嬰兒，一般會被安放到寺院

裡安葬,很少會將嬰兒屍體浸制並存在玻璃箱內給人供奉。除非,有嬰兒靈體冤魂不散,對家人或高僧托夢,這就代表這個嬰靈很有靈性,寺院才會考慮供養,使其永遠擁有不滅之身。

據駐寺和尚說,「雙頭神嬰」有這樣一個來歷:十幾年前,這對還未分裂完全的連體男嬰胎死腹中,在醫生動手術將這具嬰兒從母體中拿出來後,才發現原來是一個身兩個頭,在場人都大吃一驚。

後來,其父母在一年內相繼死去,因此,有人認為雙頭嬰是惡靈化身,所以就將其屍體送往佛寺,將其供奉起來。聞風而來的信眾,皆帶來各種玩具、童衣,以及各類零食來奉祀,以求獲得庇佑。小屋內還備有中、泰、馬來文的詩籤,以便讓信眾求籤卜卦。

泰國是個神祕的國度,當地導遊表示,泰國的陰神很多,雖傳說靈驗無比,但還是盡量不要亂求願,因為求了就一定要去還願,否則會招來橫禍。

有人曾經因為希望生子而去求拜雙頭神嬰,之後就生了兒子。這件事傳開之後,前來拜雙頭神嬰的人就愈來愈多。此外,據說雙頭神嬰也有助人發財的靈力,所以每逢彩券開彩之前,都有特別多的信眾來祭拜。

　　當地人都認為「雙頭神嬰」是旺丁旺財的靈體，對其十

分尊敬。寺廟香火一直非常興旺，信眾絡繹不絕。

印第安人的人頭縮製術

● 在印第安的希瓦羅族，頭顱就像空氣一樣可以被壓縮。

　　在祕魯國立人類學和考古學博物館的庫房裡，保存著幾個被縮小的人頭原物，只有拳頭般大小，其中一個留著八字鬍鬚、禿頭、滿臉怒氣，十分生動。那麼，世界上真的有人頭縮製術嗎？

　　據說南美洲印第安人的一個部落就使用人頭縮製術縮小人頭，以此來鎖住靈魂。傳說西元前1450年前後，有一個特殊的希瓦羅族部落，這個部落非常神祕。他們對縮製敵人人頭很在行，並且滿足於砍下敵人腦袋留作戰利品，人頭被他們縮成拳頭那樣大小，死者不散的靈魂也永不得翻身。他們相信頭腦內藏有靈魂，所以最怕靈魂受制不得脫身。希瓦羅人縮製人頭為的正是要把敵人的靈魂牽制住。希瓦羅人在把

人頭縮製之前，會舉行某種儀式，以使腦袋裡的靈魂不能報復殺死他的人。

為了炫耀勝利，別的部落通常是砍下敵人的腦袋，而希瓦羅人卻要舉行儀式來縮小敵人的腦袋，使乾癟頭皮困住敵人的靈魂，不再興風作浪。否則，死者的靈魂即會報復殺害他的人。希瓦羅人相信死者靈魂若不用這種方法禁錮起來，自己將永無寧日。因此，如果說希瓦羅人也有害怕的事物，就是敵人那逃掉的靈魂。

縮製獵回的人頭通常要好幾天的時間，或者是在武士回鄉後，再進行縮製工作，不然就常在凱旋途中舉行縮製儀式。在每一次縮製過程中，都要有大吃大喝和跳舞的儀式。縮製好的人頭，要縫合兩眼上下眼皮，以使一心想報復的靈魂無法看到外間世界，縫起嘴來使靈魂無法逃脫，然後在隆重儀式中把乾人頭用布包好，用陶罐盛起來，通常在得勝戰士的茅屋下面埋起來。

當然，這是個傳說，其真偽性還有待於考證，但是祕魯博物館裡確實存放著被縮小的人頭，這引起了科學家的興趣，許多科學家開始為解開人頭縮小之謎而奔波。

上世紀50年代左右，聯合國教科文組織派遣一些著名的科學家到南美洲的安第斯山脈深入考察，他們在一個被莽林

掩蓋的山岩上發現了幾十個一尺多高的龕式洞穴，每個洞壁間赫然陳放著一個僅拳頭般大小的人類頭顱，不僅五官俱全，而且科學家經過生理切片等一系列檢驗，證明它們都是成年人的頭顱。

這些頭顱是當地與世隔絕的希巴羅斯族人製作的。原來，希巴羅斯族盛行一種奇特的殯葬儀式：族裡人死了，祭師就把死者的頭顱割下，用一種名叫「特山德沙」的草藥劑浸泡，把頭顱縮小成拳頭一般大小，既保持原來面目而又經久不爛；如果是受全族尊敬的酋長、元老死了，則全身都用「特山德沙」的草藥微縮劑泡浸，使全身縮製成不到一尺高的「小人」乾屍，以供全族祭祀。

那麼，希巴羅斯族的草藥微縮法是否就是傳說中的印第安人的神祕「縮頭術」呢？看來，這或許是有共通處，但卻是難以證實的了。

通靈的「死亡瓶」

● 「死亡瓶」真的可以和祖先通靈？其實是「藥物」在發揮作用。

2005年，考古學家在洪都拉斯一個金字塔狀宮殿下發現一個罕見神祕的「死亡瓶」，據考古學家考證，其歷史可追溯至1400年前馬雅文明時期。這是迄今為止發現的第一個「死亡瓶」，它可能是古老的馬雅人在祭祀時使用的通靈物品，透過這項研究將使科學家進一步揭開馬雅古文明的神祕面紗。

透過與以往出土的馬雅器物對比，考古學家指出，這個瓶子的類型尚屬當今考古界的首例。這是一個沒有瓶塞的瓶子，屬於馬雅烏盧阿風格裝飾瓶，其作用是古馬雅人祭祀時與祖先「通靈」的器皿，在瓶底還殘留著祭祀供奉食物、可

可灌腸液以及誘導嘔吐的迷藥。

這個被命名為「死亡瓶」的神祕瓶子在出土的時候，旁邊有一具人體骨骼殘骸。瓶子內和外部的土壤分析顯示其中包含著玉米、可可樹和人工吐根樹花粉，這些花粉人體服用後會出現嚴重嘔吐現象。

據記載，古馬雅人祭祀時有以下幾種通靈方式：祭祀者對自己的身體進行切割或放血；口服大量的濃可可灌腸液產生昏迷；或者是吸食人腦漿然後嘔吐。

負責此項考古研究的南佛羅里達州大學人類學家克利斯蒂安·威爾斯解釋道，這些跡象顯示這個神祕瓶子可能是一千多年前古代馬雅人在祭祀儀式中所用的器皿，當人們服用瓶內的「迷藥」物質會表現出精神恍惚，進而進入幻覺狀態。

古馬雅人認為這種狀態下能夠實現與祖先「通靈」，透過與祖先的接觸和溝通可以預知將來的災難。而死亡瓶內的飲料含有吐根樹花粉，這可能是馬雅人用來與祖先溝通的藥物。

威爾斯帶領的考古小組指出，諸如死亡瓶這樣的烏盧阿風格裝飾瓶十分罕見，大多數這樣的瓶子不是被盜墓者偷竊就是仍埋藏在地下有待於現代考古學家進行勘查研究。這是迄今為止第一個出土的烏盧阿風格裝飾瓶，它將有助於揭開

馬雅烏盧阿風格裝飾瓶的神祕面紗。雖然它被命名為「死亡瓶」，但其真實用途仍有待於考證。

同樣，考古學家也對瓶子的出土地點困惑不解：這個瓶子出土於洪都拉斯Palmarejo山脈一個偏僻的小型馬雅遺址，出土瓶子的金字塔宮殿是一個台階型建築物，在其頂端有一個單個的房屋，這個房屋呈長狹窄、矩形。它看起來像一個房屋，但卻是非常精美細緻。

從金字塔狀宮殿和瓶子來推測，這個宮殿的建造是為了紀念具有一定聲望的馬雅貴族名士，或者這兒是一個不同尋常的農業村莊。與該地區的其他馬雅遺跡相比，這處古蹟非常小，也很不起眼。但為什麼會有如此超等級的祭祀器皿埋藏於此呢？這是一個未解之謎。

考古小組猜測，埋葬於這個金字塔狀宮殿下的馬雅人應該是當地很重要的人物，很可能是標誌著一個文明時代結束的馬雅人祖先，他有可能是這個部落和村莊的奠基人。

大約在西元650年左右，當墳墓埋葬之後，金字塔狀宮殿很快就在墳墓之上建造完畢。然而，這個死亡瓶是在墳墓埋葬一百多年之後才放入墓室中的，這很可能是當地馬雅人為了紀念這位祖先。

奧茲冰人之謎

● 人體在冰山下封存了幾千年，卻仍然保存完好，奧茲冰
人就是這個奇蹟。

1991年，一群德國遊客在義大利和奧地利邊界的阿爾卑
斯山奧茲山谷的冰川上發現了一具有5300年歷史的男性遺
體。他年約45歲，身高1.65米，體重50公斤，服裝顯得較完
整。由於他看來較完整，被凍在冰層裡，人們一開始以為他
剛剛死去。

然而研究結果卻令人震驚，奧茲冰人屬於青銅時代（西
元前3500年~西元前1000年）。他死時埃及的金字塔還未建
好，歐洲人正在嘗試車輪的發明。

奧茲冰人是目前保存最好的史前人遺體，他引起人們
的廣泛關注。冰人被發現時，已被阿爾卑斯山上的冰雪製成

木乃伊。他身體上皮膚的毛細孔仍清晰可見，甚至連眼球都
保存完好。他有159公分高，身上穿著由羊皮、鹿皮和樹皮
及草製成的三層服裝，戴著帽子和羊皮護腿。他身旁還放置
了一把銅製的斧頭和一個裝有14支箭的箭袋。

奧地利因斯布魯克大學古人種學家奧格教授領導的研究
小組證實，冰人患有關節炎，體內有鞭蟲寄生。在遇難前的
幾個月，他還曾患過三次嚴重疾病。由殘留在他頭髮中高含
量的銅和砷可以推斷，他曾經做過冶煉銅的工作。

奧茲冰人的死因始終是科學家爭論的一大焦點。據義大
利考古博物館的研究人員認為，奧茲是在雪地裡睡著了凍死
的或是死於雪崩。華盛頓郵報的報導則稱，在對冰人經過X
光線照射的技術測試後，科學家發現冰人的左肩下有一枚箭
頭，在骨骼上還發現箭頭射入他身體後留下的痕跡。研究人
員稱，奧茲很可能是死於戰爭，因為他身上武裝著斧頭、刀
和弓箭。箭頭進入體內的角度顯示他是被人從下方擊中。這
柄箭不到1英寸長，穿過他的背部，切斷臂上的神經和血管，
停在肩膀和肋骨之間。由於箭沒有射到任何重要器官，研究
人員估計奧茲流了很多血，最後在痛苦中死去。

奧格教授發現，從奧茲結腸中提取的內容物含有完整的
蛇麻草角樹的花粉顆粒。這種樹在春季開花，並且只生長於

低海拔地區。由於花粉在空氣中分解得很快,因此可以推斷奧茲應該死於春季或初夏。另外,對他的皮膚分析後發現,奧茲的軀體在凍成冰人前,曾在水中浸泡了幾個星期。

奧格教授的發現使得從前有關奧茲死因的猜測受到了質疑。過去科學家認為史前人受到秋季的一場突如其來的暴風雪的襲擊,最終死於寒冷惡劣的天氣。新的證據還迫使研究人員重新思考奧茲是如何陳屍於高山之上的。奧茲的死亡之旅依然顯得相當神祕。一些研究人員甚至猜測,他是作為新石器時代的某種獻祭被帶到那裡的。

冰人死亡之謎尚未被完全解開,目前冰人被保存在義大利小城的木乃伊博物館,科學家正透過各種研究弄清他的情況。而義大利博爾紮諾的科學家正與探索頻道合作,計劃完成一部介紹冰人木乃伊的紀錄片。

矽谷鬼屋再現

● 矽谷裡不僅有高科技，它的鬼屋也相當出名。

　　說起矽谷，相信誰都不會陌生，它是全世界資訊技術最發達的地方。這裡充滿了理性和科學的氣息，也是一個旅遊城市。其熱點是一座古舊的莊園，莊園的主樓邪氣十足，俗稱「鬼屋」，每年都會招來數百萬遊客。

　　鬼屋不是生存著厲鬼的荒宅，它是高七層、有160個房間的一座建築物。這棟建築物，房間結構怪異，非常陰森，通往主人臥室的樓道異常狹窄，只有身材瘦小並且在1.34米以下的人才能進得去；還有一些房間，人進門了要麼就看見一面牆壁，要麼就直接落在花園裡。

　　溫徹斯特夫人是這棟建築的修建者。後來人們瞭解到，溫徹斯特夫人原本居住在美國東部的康涅狄格州。19世紀時

該州的機械製造業雄冠全美，生產了大量的槍炮，被稱為「美國軍火庫」。溫徹斯特夫人的丈夫是著名的軍火商，所經營的溫徹斯特牌連發來福槍是當時火力最猛的單兵武器。這種槍在南北戰爭中奪去了萬千生命，在開拓西部的歲月裡將無數印第安人變為冤魂，累累白骨把溫徹斯特牌來福槍推上了「戰勝西部之王」的寶座。

溫徹斯特用滔滔鮮血鑄成了數不盡的金錢，卻不能鑄就幸福——他唯一的女兒出生6個月即夭折，自己也在15年後因肺病逝世，留下身高只有1.34米的妻子在孤寂、驚惶的苦海中掙扎。

受過高等教育的溫徹斯特夫人相信鬼魂之說，她修建這棟建築完全就是為了躲避「鬼魂」，她的女兒夭折，她的丈夫早亡，她把這一切歸於讓他們家富裕起來的來福槍，他們賣出去的槍沾染了太多鮮血。

由於害怕那些死在他們賣出的槍下的人會來找她索命，溫徹斯特夫人拋棄了丈夫留下的血腥生意，逃到千里之外的聖荷塞。她購置161英畝土地，營建了亦工亦農的莊園，並雇傭工人種植農作物，生產農具漁具。

溫徹斯特夫人在經營管理方面很有能力，莊園獲利豐厚，但她的心靈依舊被「鬼魂」折磨得惶惶不可終日，於是挖空

心思地建造了這座詭異的大樓。她相信人不會在建造房子時死去，所以一直施工不停。要不是她在1922年逝世，工程還會繼續下去。

這幢高7層、有160個房間的樓房是維多利亞式建築，於1884年開工，連續建了38年仍未完成。莊園的主人溫徹斯特夫人是一個既富有又淒涼、既堅強又脆弱、既聰明又愚昧的神祕女人，「鬼屋」凝集了她大半生的心血。

「鬼屋」的頂部極其複雜，除了幾個大三角結構外，還有幾個尖塔，尖塔下面分別是四方形、六角形、八角形、圓錐形的小閣，怪異得令人愕然。而「鬼魂」的屋內結構更是詭祕得不可思議。

通往主人臥室的樓梯陰森可怕，樓梯兩邊被板牆緊夾，窄得僅能容納一個瘦人通行，梯級之間的距離只有兩英寸，小得出奇。這一封閉式的迴轉窄梯，在世上堪稱絕無僅有，體現了主人只讓瘦小的自己使用，不讓「寬魂」通行的用心。

「鬼屋」的房門都很矮，它們的開向十分古怪：有的一打開竟是一道牆，前無去路；有的則架空而開，一腳踏出就會掉到園子裡去。這大概是為了抵禦「鬼魂」侵襲而特意製造的迷陣。現在不少遊客走進去都會暈頭轉向，如果沒有導遊帶引，大半天也走不出來。

在西方人的心目中，「13」是個不吉利的數字，但溫徹斯特夫人卻對「13」情有獨鍾：通往臥室的窄梯拐13個彎；與鬼魂對話的密室有13條通道；二樓的各個專用房間都開13個窗子；窗戶的玻璃上有13種不同顏色的圓珠圖案；從德國進口的水晶大吊燈被改裝為13個燈頭；樓中有13個浴室，她用的鍍金洗漱盤有13個出水孔……

此外，每逢某月的13日是星期五，莊園就會在當天下午13時敲鐘13響（這一規定至今不變）。溫徹斯特夫人的遺囑分為13部分，簽了13個名；莊園的價值高達500餘萬美元，但她在遺囑中指定的拍賣成交價是13萬。

這是運用「以毒攻毒」的策略來抵禦「鬼魂」，還是借助「負負得正」的公式來爭取好運？女主人的「創意」思路實在難以揣摩！但為了對付「鬼魂」，她已使盡渾身解數。

會移動的棺材

● 棺材能移動位置，不是有人惡作劇，那是什麼在搞鬼？

　　19世紀，位於大西洋中部的西印度群島中，有一個名叫巴巴多斯的小島，島上教區有一蔡斯家族的墓穴，這墓穴先後送進了6位蔡斯家族成員的棺木，但讓人想不到的是，在沒有被人闖入的情況下，墓穴裡的棺木居然前後自行移動了4次位置！

　　墓穴用非常堅固的珊瑚石壘成，再用水泥加固，門口用大理石封住，平時都用大鎖緊緊地鎖住。按照當時巴巴多斯的風俗，富有的種植園主家族通常會用厚厚的鉛板包裹棺材，因而棺材十分沉重，至少需要十幾個成年人才可以移動。可就在這樣嚴密的保護下，墓穴裡的棺材多次發生了移動，而且墓穴入口在被打開前完好無損，絲毫沒有受破壞的痕跡，

人為因素的破壞，似乎是不大可能的事，這引起了人們的好奇心。

1807年7月30日，第一個棺柩葬入這座墳墓，死者是個名叫葛達德的婦女。翌年二月，蔡斯九歲的女兒梅阿利的棺柩入葬。1812年，十歲的女孩德佳斯患瘧疾夭亡，親屬們也決定將她葬入蔡斯家的墳墓內。

舉行葬禮這天，人們打開了沉重的大理石墓門，兩個抬棺的人剛要放下棺木，突然「啊」地驚叫起來，早先安葬在墓內的葛達德夫人和女孩梅阿莉的棺木竟離開了原先安放的位置，移到墓穴的牆邊上了！

看到棺材被移動了位置，墓穴主人的家族還以為是仇人的惡作劇。他們將棺材全部放回原處，又在大理石門上加了鎖和封條，並且加強了墓穴的守衛，期望這種令人不安的事不要再發生。

四年後，蔡斯家族中的湯瑪斯‧蔡斯死了。當人們拆去墓穴完好的封印，打開沉重的大理石墓門，準備把他的棺材葬入墓穴時，不禁大為吃驚，前些年安葬的四個棺材全都離開了原來的位置，橫七豎八地擱置在墓穴內。教區於是派三人調查，他們將墓穴徹底搜查了一遍，所有的牆和地面都沒有裂縫的跡象，更沒有暗道。有人猜測可能是地下水的滲入

產生浮力讓棺木移動了位置，但墓穴中的每一處看起來都相當乾燥。

最後，沉重的墓門又被水泥封死，而且加蓋了封印。1820年4月18日，為解開棺木移動之謎，教區人員準備主動打開陵墓。人們首先檢查墓穴大門的封印，並沒有被動過的痕跡。水泥封印被敲開後，不同以往的是，這次大理石墓門居然無法順利打開，原來是蔡斯鉛封的沉重棺材以一個很陡的角度頂在了門上，而沒用鉛板的棺材卻紋絲未動。墓穴裡沒有入侵者的腳印、地下水的痕跡。墓室每一個部分，都像剛建造時一樣堅固，沒有裂痕和石頭的鬆動。

多少年來，人們為了解釋巴巴多斯移棺之謎提出了許許多多理論。一些無神論者開始懷疑事件的真實性。他們懷疑這是地方長官、蔡斯家族和當地一些人為了出名共同策劃的一起陰謀，巴巴多斯棺材事實上根本沒動過或者是人為擺好的。這種猜測立刻受到了指責，因為很多目擊者都出來作證，他們相信巴巴多斯人的誠實。

由於墓室的封閉，排除了人為的可能。那麼會不會是地震或地下水等自然力所為呢？不可能是地震，因為周圍其他的墓穴都沒有發生類似的情況，而且地面上的人也沒有任何地震的感覺。也不會是地下水，雖然有專家指出鉛封棺材完

全可以在水裡漂浮，但是墓室裡沒有一點兒進水的痕跡，而且戈達德夫人的木棺沒有絲毫移動。

棺木為何會移動到現在仍舊是一個謎，不過後來調查發現，會移動的棺材四周都是用鉛板包裹起來的，棺材移動的方向也有一定的規律，而沒有鉛板的棺材卻動也不動。因此有人猜測，棺木的移動可能是由金屬和磁力的某種作用，而產生的現象。但同樣包裹鉛板的棺材在島上別的地方並沒有移動，這又是什麼原因呢？

棺木被移動了4次，讓蔡斯家族成員個個駭然，於是便把墓穴內所有的棺材全部搬移出，這裡便成了一座充滿傳奇的空墓。如今，這空墓穴依然存在，成了巴巴多斯島上一個有名的場所。

千里返鄉的棺材

● 落葉歸根是人之常情，可是你聽說過棺材千里返鄉的事情嗎？

1899年，美國著名演員查理斯‧闊夫蘭不幸逝世。逝世後，家人將其安葬在德克薩斯州的加爾維斯頓。

可是，一件意想不到的事情發生了。第二年的九月，一場罕見的風暴席捲加爾維斯頓，許多地方因此受災。風暴掀起了滾滾巨浪漫上堤岸，沖毀了海濱墓場，把闊夫蘭的棺材從墓穴中沖了出來，捲入了大海，不知其蹤。

風暴過後，闊夫蘭的女兒凱爾德爾德得知父親的棺材被沖走後，非常傷心。她來到海濱墓場，看著被破壞殆盡的墓穴，想到父親死後竟然不得安寧，不禁失聲痛哭。凱爾德爾德是孝順的女兒，父親雖然去世，但是她還是要守在父親的

身邊，所以決定無論如何都要找到父親的棺材。於是，她每天四處尋找，並且多次在報紙上刊登廣告，只要有人幫她找回棺材，一定重謝。

年復一年，凱爾德爾德一直沒有找到父親的棺材，可她始終沒有放棄尋找棺材的念頭。光陰荏苒，轉眼二十多年過去了，棺材還是沒有任何線索，凱爾德爾德卻為此花費了幾百萬美元。

然而，就在在闊夫蘭逝世的第28個年頭，1927年9月15日早上，凱爾德爾德打開報紙，突然，一條新聞映入眼簾：

「著名演員查理斯·闊夫蘭在28年前的1899年去世，葬於加爾維斯頓。翌年，該地遭到特大風暴，加爾維斯頓的墓穴被海水沖開，棺材被捲入大海。死者家人長期四處尋找，一直未曾發現。可是，令人驚異的是，現已查明，這只棺材隨著墨西哥灣的海流，繞過佛羅里達海岸，已抵達闊夫蘭誕生的故鄉艾德華王子島。棺材竟安然無恙漂流了3000公里！」

看到新聞，凱爾德爾德有點不太相信，於是半信半疑地給報社打了電話。報社的回答十分肯定：「是的，事實正是如此。我們已經經過證實，絕對沒錯！」

凱爾德爾德又驚又喜，趕忙奔赴艾德華王子島，果然在

那裡見到了闊別近三十年的父親的棺材。為了讓父親落葉歸根，凱爾德爾德重新為父親舉行了隆重的葬禮。

一只棺材隨波漂流，在大海上「航行」了28個年頭，行程3000公里，最後返回死者的故鄉，這是多麼不可思議的事啊！難道是死者落葉歸根的念頭在支配著棺材？誰也說不清楚。

1848年，在大西洋百慕達群島艾理斯港，一艘新建造的米涅魯巴號帆船揚帆遠航，開始它的處女航行。它的首航目的地是非洲和遠東，誰知帆船出發後，竟然一去不復返，船上的乘客也一直沒有消息。人們搜尋了兩年，仍然沒有消息，就以為它一定遇到風暴葬身海底了。

誰知到了第三年，也就是1851年的一天早晨，這艘早已被人們遺忘的米涅魯巴號帆船，竟然奇蹟般地出現在艾理斯港。船上空無一人，傷痕累累。這艘無人船究竟遇到了什麼樣的災難？船上的乘客哪裡去了呢？帆船又是如何經過兩年多的漂流，重返故鄉的呢？這始終是一個未解之謎。

石棺中的聖水

● 石棺或許是被賦予了某種神力，所以才會源源不斷地流
出「聖水」來。

　　在法國比利牛斯山區的代奇河畔，有一個名叫阿爾勒的
小鎮。在這個小鎮子的教堂裡擺放著一口石棺。據說，這口
石棺是西元4世紀至西元5世紀時一個修士的靈柩。石棺是在
1500多年前製作的，大約有1.93米那麼長，是用白色大理石
精雕製成的。

　　當地人對石棺裡的水非常虔誠，卻沒有一個人知道這水
是從哪裡來的。

　　據說，在西元760年的時候，有一天，一個修士從羅馬
帶回來兩個人，一個叫聖阿東另一個叫聖塞南，這兩個人都
是波斯國的親王。在修士的開導下，兩位親王信仰了基督教，

成了基督教的忠實信徒。

聖阿東和聖塞南來到阿爾勒鎮，除了傳授基督教，還帶來一樣聖物。可是他們把聖物放在了教堂的古棺裡面保存了起來，至於這個聖物到底是什麼，沒有人能夠知道。不過，從那以後，這口石棺裡面開始出現源源不斷的「聖水」。這「聖水」為當地的老百姓帶來了吉祥和幸福。後來，聖阿東和聖塞南終於成了「聖人」。

當地的人們紛紛傳言，在聖阿東和聖塞南拿著「聖物」來到阿爾勒鎮教堂之前，曾經在一個羅馬的教堂裡放置過，而那個教堂的旁邊一定會有一個泉水井。泉水井裡的泉水滲透到了「聖物」上，從此「聖物」就有了出水的神奇功能，為當地人帶來了福澤。

為了紀念聖阿東和聖塞南，感謝他們的恩德，只要一到每年的7月30日這天，阿爾勒鎮上的人們都要在才學裡舉行傳統的紀念儀式。紀念儀式完了以後，人們就排著隊到這口石棺前邊領取一份「聖水」。

石棺的蓋子上有一個小孔，小孔上面有一根彎的銅管，銅管上有一個開關，修士們就是透過控制這個開關給大家分發聖水的。平時，銅管上的開關都是闔上的，只有每年的7月30日這天，才學的修士們才把它打開，讓「聖水」流出

來。

人們對得到的「聖水」非常珍惜，小心翼翼地收藏在家裡，只有到了萬不得已的時候才拿出來使用。據說，這「聖水」有一種特別神奇的力量，可以醫治好多種疾病。

有一些專家對這口石棺進行過認真的觀察，發現它的整個容量還不到300立升。而歷史上對「聖水」的記載也大都符合其容量。

西元1529年，有一隊西班牙士兵曾經從阿爾勒鎮路過，並在鎮上駐紮了好幾天，他們從石棺裡汲取了大約有1000立升的「聖水」。西元1850年，這口石棺僅僅在一個月時間裡邊，就蓄了大約有200立升的「聖水」。

可是，在法國大革命期間，當地的一些人胡亂造反，將石棺當了垃圾箱，什麼東西都往這口石棺裡邊倒。這口石棺在遭受厄運的幾年當中，竟然沒有流出一滴「聖水」。後來，法國大革命結束了，人們懷著虔誠的心情清除了石棺裡邊的髒東西，石棺才又重新流出了神奇的「聖水」。即使在旱災的年頭，這口石棺照樣向當地人們提供著清泉一樣的「聖水」。

關於石棺「聖泉」樣的傳說有很多，雖然說法都不盡相同，但從這口石棺裡流出來的「聖泉」卻是真實的。這時，

也就出現了許多疑問，讓人們感到納悶。阿爾勒鎮教堂的這口石棺為什麼會有這樣源源不斷的「聖水」呢？另外，這神奇的「聖水」究竟是從哪裡來的呢？

1961年7月，兩個來自格累諾布市的水利專家來到阿爾勒鎮，他們想解開石棺的「聖水」之謎。兩人走進教堂，圍著石棺認真地觀察了半天。一開始，這兩個水利專家認為這是一種滲水或者凝聚現象，才使得石棺裡面有了「聖水」。於是，他們徵求了修士們的同意以後，把石棺墊高，使它和地面隔離開來。然後，又用塑膠布把石棺嚴嚴實實地包裹了起來，為的是不讓外邊的雨水滲入到石棺裡面去。

做完這些後，兩個水利專家又日夜值班地守在這口石棺面前，不讓別人往裡面加水。然而過了幾天以後，他們打開石棺一看，石棺裡邊的「聖水」一點兒也沒有減少，還是那樣源源不斷。

他們又對這口石棺裡面的「聖水」進行了鑑定，結果發現石棺裡面的「聖水」即使不流動，它的水質也是純淨不變的，好像石棺裡的「聖水」能夠自動更換一樣。這到底是怎麼回事呢？兩位水利專家也感到一頭霧水。

後來，又有許多科學家試圖解開這口石棺之謎，然而他們全都沒能成功。要解開阿爾勒鎮教堂石棺「聖水」之謎，

還得需要科學的進一步發展。

　　現在，阿爾勒鎮的人們還是像以前一樣，每年只要到到7月30日這天，都會來到教堂，舉行傳統的紀念儀式，然後排著隊，到石棺前邊去領取「聖水」，希望它能夠給家人帶來吉祥和幸福。

人體「第三隻眼」之謎

● 人類真的有「第三隻眼睛」嗎？它又具有什麼功能呢？

關於第三隻眼的說法由來已久，中外神話中都有「第三隻眼」的傳說。在《西遊記》中，二郎神楊戩的額頭上有三隻眼，這「第三隻眼」具有特異超凡的功能，能夠識破妖魔鬼怪的變化。

在印度的神話傳說中，印度教「三神」中的「破壞神」濕婆也有三隻眼，其中兩隻眼睛與凡人無異，而第三隻眼卻長在額頭中間。印度教祖師認為，第三隻眼是人體「未卜先知」的器官，印度人習慣在雙眉之間畫上靈輪，認為這樣便可獲得與宇宙直接交流的通道。

古希臘哲學家也認為，第三隻眼位於大腦的中心部位，為宇宙能量進入人體的閘門。在東方的許多宗教儀式上，人

們習慣在雙眉之間畫上第三隻眼，認為這樣便可獲得與宇宙進行直接交流的通道。那麼，人真的有「第三隻眼」嗎？

在西元200年時，古希臘的解剖學家蓋倫在已經絕滅的古代爬行動物的頭蓋骨上發現了一個小洞，他對此百思不得其解。許多生物學家研究後推測，這個小洞是遠古時代爬行動物第三隻眼的眼眶。

在遠古時代，當這些巨大的動物從水中剛露出水面時，可能就是用頭頂上那隻眼來觀看周圍及岸上環境的。也就是說，水生動物是為了適應進化的需要而長出樂第三隻眼。現在還活著的爬行動物喙頭蜥，就有極發達的第三隻眼。

據此，生物學家認為人類在很早以前，與魚類、兩棲動物、飛禽，以及哺乳動物在生理結構上是一樣的，也有「第三隻眼」，而這隻眼退化痕跡殘留在大腦半球下。

研究發現，「第三隻眼」出現在人類胚胎發育兩個月的時候，但它剛一出現，馬上就開始退化，最後成為小腦前豌豆大的松果體，就是所謂「退化的眼睛」。

另外，科學還證實松果體具有眼睛的一切結構和分辨光與顏色的蛋白質。在極少數情況下，現代人也會保留這一功能。如一位美國的教師的頭後生有第三隻眼，平時她用頭髮將其覆蓋住，據稱第三隻眼非常有用。

爬行動物的「第三隻眼」對光波和磁場都非常敏感，還能感知超聲波和次聲波。因此它們對地震和火山爆發等自然災害非常敏感。

那麼，「第三隻眼」對於人類來說有什麼作用呢？佛教寺廟的壁畫佛像和雕塑的前額上都有第三隻眼。傳說認為，這只眼睛具備他心通與遙視等超自然能力。很多人，特別是佛教徒，透過日積月累的修煉，也可以獲得這種奇異的能力。

俄羅斯聖彼德堡的生物學家發現，松果體的組成細胞類似視網膜的色素細胞，能分泌血清素和褪黑激素。褪黑激素在夜晚分泌，具有鎮靜作用；血清素通常在白天分泌，能激發身體的活性。所以有的科學家認為，人類的大腦將宇宙中的能量彙集起來，松果體能從宇宙獲得超凡的想像力，而「先知」眼前出現的畫面，正是松果體作用的結果。

當然，松果體是否是第三只眼睛，它是否具有特殊功能目前尚無定論。相信隨著科學的發展，「第三隻眼睛」之謎會最終被揭開。

特異功能之謎

● 世上有許多常人無法做到，卻又不違反科學規律的奇異
現象，特異功能到底是否存在？

　　近些年來，世界各地對人體特異功能現象的發現和研究
成果，屢屢見諸報端。

　　1981年，美國的《讀者文摘》上登載了這樣一篇文章：
有一對孿生姐妹，在一天某個時刻，姐姐突然神思恍惚，感
到像從空中墜落一樣難受。不久，消息傳來。那一時刻，她
的妹妹正在大西洋上空遇難，她似乎奇怪地接收到了妹妹的
資訊。另據介紹，美國有個婦女能感知死者現在何處，據說
曾多次幫助員警找到了失蹤者和受害者。

　　1977年，《四川日報》也發表了類似一篇報導。文章
說，小男孩唐雨能對密封的字加以辨認。有人還專門還拍攝

了具有特異功能的人神奇地從密封的瓶子裡倒出藥片的錄影。從錄影看，試驗者透過某種過程，藥片會從瓶子裡飛出來，而瓶子完好無損，蓋子也密封如舊。

自從傳出唐雨「耳朵認字」的消息後，又陸續發現了許多其他小孩、氣功師有「遙視」、「透視」、「意念搬運」等特異功能現象，很多科研工作者和感興趣的人士開始進行調查研究，證實了這些現象確實是真實存在的。

這些新聞都引起了一定的轟動，特異功能是否存在再度引起人們關注。「特異功能」在國外稱為「超心理現象」。目前所知道特異功能主要有以下幾種：

1. 打開天目：大約在兩眉之間的開天目，開了天目的人看到的任何地方物體。

2. 空中取物：可以將杯子等物品在一段距離移動或取物。

3. 快速修復：將撲克牌的撕碎，放在手心揉搓發功，發功後撲克牌如新的一樣。

4. 雙眼透視：可以將物體看穿，看到物體裡面東西。

5. 意念催眠：可以透過與人對視產生催眠，讓你做任何的事情。

特異功能究竟是否存在？這是一個令各國都十分關心而充滿爭論的問題。

中國古人對人體之玄妙有許多深刻的認識：道家認為人體是一個小宇宙，透過修煉，返璞歸真，人體就會出特異功能；古代許多神醫被認為具有超越常人的能力和智慧；許多修煉者對特異功能的存在深信不疑，他們認為這是人類天生就具有的能力，只是隨著人類道德的衰敗而逐漸喪失了。

美國《科學》雜誌調查了1139名科學家，確信有特異功能的占16％，認為可信的占50％，34％的人認為特異功能不可信。經過若干年的實驗研究，人體特異功能已被確證存在，並且科學家們日趨清楚地認識到所有這些功能密切聯繫，全部來自於現代生理科學認識到的神祕心理能量。

儘管特異功能還沒有一種有說服力的理論予以解釋，但一些具有理論物理學和粒子物理學基礎的心靈研究者相信，隨著這兩門學科的發展，特異功能現象將得到科學的解釋。也有一些學者認為，人類動能的某些部分將永遠存在於任何一種科學解釋能力之外。

不少專家也認為，特異功能的研究會使人類看到一個全新的自我。目前的研究顯示，人類對自身的認識還很膚淺，正站在一個新的起點上。對特異功能的研究，將有可能使人類重新認識自己，看到一個新的自我。

湘西趕屍之謎

● 屍體能被驅趕而行，湘西趕屍之謎等你破解。

趕屍是湘西一種古老而神祕的習俗，傳說有法術的人可以驅動屍體行走，許許多多的傳說和軼事似乎也證實了趕屍的存在，人們也一直在透過各種途徑解開趕屍之謎。

湘西趕屍的傳說與苗族是分不開的，相傳數千年前，苗族的祖先蚩尤率軍在黃河邊與敵軍作戰。戰事結束後，部隊需要撤往後方，在抬走所有傷患後，戰場上留下了不少戰死的士兵屍體。蚩尤不忍將同胞屍首拋之荒野，但要將全部屍首抬走則人手不夠，因此央求隨軍的軍師讓戰死者回歸故里。

軍師心生一計，讓蚩尤手持符節在前引路，自己施法讓戰場的屍體全都站起來，跟在蚩尤高擎的符節後面，規規矩矩回到了家鄉。這就是趕屍的最早傳說。

趕屍傳說原本只流傳在湘黔一帶，後來漸漸為外人所知。近年來，隨著盜墓類小說的流行，趕屍也成為一個經常被提及的話題，趕屍的一些禁忌和規矩廣泛傳播開來，例如「三趕三不趕」的說法（被砍頭的、受絞刑的、站籠站死的可以趕，病死的、投河吊頸自殺而亡的、雷打火燒肢體不全的不能趕），「趕屍旅店」的傳說，只接待趕屍人和屍體，大門晝夜不關……等等也逐漸為人所知。

趕屍人手搖鈴鐺，領著一串屍體前行，提醒夜行人避開，通知有狗的人家把狗關起來，一路手撒紙錢款款而來的形象，不知出現在多少人的噩夢中。死屍怎麼會被活人趕著走，很多人在進行研究，說法不一。大致來說，有以下幾種：

◆ 一、咒符說

這種說法認為趕屍屬茅山術祝由科，在某些書籍和傳說中甚至列出了詳細的做法。例如有些資料中提到，法師要用辰砂（朱砂的一種，其中以湘西辰州即現在的沅陵出產的品質最好，所以叫辰砂）放在死者的腦門、背心、心窩、手心、腳心七處以鎮七魄，填入耳鼻口以封三魂，再用神符壓住並用五色布條綁緊，並且用神符護住屍體頸部，配上咒語，屍體就會站起來隨法師離開，一路穿州過省夜行曉宿，直奔家鄉而去。

據說新中國成立前辰州還有賣符咒的店，這種符咒也被統稱為辰州符。當然，現在再也找不到了。

◆ 二、抬屍說

這種解釋是說，運屍人將屍體垂直的固定於兩根竹竿上，像抬轎般運送屍體。具體的做法是將竹子在屍體腋下穿過，並將手臂緊緊捆綁在竹竿上。

屍體穿著寬袍大袖的壽衣，遮擋住了竹竿，在夜裡遠遠看來，就像是一隊殭屍雙手伸直在前行。加之竹子是有韌性的材料，在承載重物時會因竹竿彎曲受力而上下晃動，連帶著，直立的屍體就像是在跳躍一般。

◆ 三、背屍說

這也是一種比較常見的說法，起源於解放初兩個解放軍戰士的經歷。在這種說法中，趕屍者實際上是輪流背著屍體趕路，借著夜色和寬袍大袖的掩護，故弄玄虛。

不過這的確是重體力勞動，非一般人所能為也。而且，這種方式對於屍體防腐的要求比較高。

◆ 四、分屍說

趕屍人將屍體肢解，把頭顱和四肢裝在背上背負的箱子內，而撒紙錢、提燈籠、半夜趕路等等古怪行徑只是障眼法。

同樣的，這種方法對防腐技術要求也很高。

　　那麼，湘西趕屍的真相到底是什麼呢？目前尚沒有令人信服的答案。隨著人們的追根究柢，說不定有一天，這項常人難以理解的奇特行業和現象，會得到應有的科學解釋。

千年不腐的肉身

● 你或許聽說過木乃伊乾屍，但是你聽說過更神奇的千年
不腐之身嗎？

　　木乃伊雖然人形尚存，但因劇烈的乾縮，使肌膚顏色枯黑，彈性完全消失，關節僵直，面貌軀體嚴重變形。但是在中國，一位得道高僧的肉身，暴露於空氣中千年而不腐，仍保持完整端坐的外形，肌膚有潤澤富有彈性，宛如生人。這裡面究竟有什麼祕密。

　　1975年6月20日，香港《快報》刊載了《無際大師肉身供奉東瀛》的消息，該文稱石頭和尚迄今1100餘年，軀體現供奉在日本橫濱市鶴見區曹洞宗總部，仍栩栩如生。這個石頭和尚是誰，怎麼到了日本呢？

　　無際大師是唐代著名高僧，法名希遷（西元700～790

年），廣東端州人。受法於青原行思，與馬祖同時說法，一生雲遊天下，閱歷深廣，精通佛學，著有《參同契》一篇行世。在他43歲時（唐天寶初年）到了南嶽，在前山的一塊巨石上，以石為台，結廬而居，遂稱「石頭和尚」。

佛教徒死後，一般按天竺法火葬，並取其碎骨為舍利。由於南宗反對天竺教徒所傳的佛教相當徹底，從千百萬字的經論到一字輪王咒，從淨土到地獄，從佛到餓鬼，從生前修行到死後舍利等戒律都被拋棄，其宗旨不外乎「淨心自悟」四字。

淨心即心絕妄念，不染塵勞，自悟即一切皆空，無有煩惱，能淨能悟，頓時成佛。南宗禪師六祖慧能的弟子記錄師說成《壇經》一卷。

《壇經》是南宗傳法的經典，它教人「一時端坐，但無動無靜，無生無滅，無來無去，無是無非，無住無往，坦然寂靜，即是大道」。人練成這樣有呼吸的死屍，就算得了大道。故從六祖慧能起，死後多用全身葬法，漆紵塗屍體，安放龕中。石頭和尚死後，也就保存了肉身。

西元790年，年高91歲的石頭和尚自知不久於人世間，便開始停止進食，還吩咐僧徒將平時搜集的草藥數百種，炮製成大湯劑。據稱，製好的大湯劑奇香無比。他每日痛飲數

十次，飲後便溺頻繁，大汗淋漓。

僧徒們大惑不解，紛紛前來勸阻，希遷笑而不答，照舊每日大飲不止。轉眼一月有餘，漸減飲量。令人驚奇的是，此時的石頭和尚臉面變得潤如棗色，兩眼炯炯有神，鎮坐如鐘。一日，口念佛經，無病而終。

石頭和尚的肉身停放月餘不腐，且渾室溢滿香氣。門下弟子與地方紳士念其功德無量，奇人奇事，特地籌款建造了一座寺廟，安置大師肉身於其中，讓善男信女燒香供奉。千餘年來，香火不斷。

然而，20世紀30年代，無際大師的不朽肉身被在附近行醫的日本牙醫渡邊四郎探知。他居心叵測，想方設法毒死了寺廟內的小和尚，偷偷將無際大師肉身竊移至廟外隱藏。不久，此寺廟被亂兵縱火焚燒，故世人均以為無際大師肉身與寺廟俱毀於大火，無不為之惋惜。

1900年，抗日戰爭末期，渡邊四郎將無際大師肉身用其掩人耳目的手法裝船偷偷運回了日本本土，爾後移置於東京郊外的一座小山裡的地下倉庫內，祕而不宣。

直到1947年，渡邊四郎死後，他的家人在清理其遺物時，查閱他的日記，才為世人所知。當揭去罩在大師身上的黃綢時，只見石頭和尚軀體仍是生前盤腿打坐的姿勢，保存

完好，餘香猶存。

今南嶽南台寺禪堂內，只留下了一張石頭和尚生前所開的「心藥方」。該方以醫理喻佛理，融勸善與醫心為一體，發人深省，堪稱一絕。其方曰：

「大師諭世人曰：凡欲齊家、治國、學道、修身，須服我十味妙方，方可成就。何名十味？好肚腸一條，慈悲心一片，溫柔半兩，道理三分，信行要緊，中直一塊，孝順十分，老實一個，陰騭全用，方便不拘多少。

此藥用寬心鍋內炒，不要焦，不要躁，去火性三分，於平等盆內研碎，三思為末，六波羅蜜為丸，如菩提子大，每日進三服，用和氣湯送下。果能依次服之，無病不瘥。

切忌言清行濁，利己損人，暗中箭，肚中毒，笑裡刀，兩頭蛇，平地起風波。以上七件須速戒之。

此十味，若能全用，可以上福上壽，成佛作祖；若用其四五味者，亦可減罪延年，消災免患。各藥俱不用，後悔無所補，雖有扁鵲盧醫，亦難療矣！

似禱天地，祝神明，悉徒然哉！況此方不誤主顧，不費藥金，不勞煎煮，何不服之。偈曰：此方絕妙合天機，不用盧師扁鵲醫。普勸善男並信女，急需對治莫狐疑。」

石頭和尚千年不腐的肉身，有了下落。但是他服飲的奇

香無比的大湯劑是些什麼草藥呢？他所擬的千古奇方──「心藥方」究竟是什麼？成為不知何時才得以解開的謎團。

達摩精魂入壁石

● 面壁九年，本來就是奇蹟。精靈入石，更是不可思議。

「少林一塊石，都道是個人。分別是個人，分明是塊石，何石面壁石，何人面壁佛，王孫面壁九年輕，九年面壁祖佛成，祖佛成，空全身，全身精入石，靈石肖全形，少林萬古統宗門。」這是鐫刻於清道光年間蕭元吉撰寫的嵩山少林寺石碑碑文。

碑文中的面壁之人即達摩，達摩是佛教禪宗祖師的法號，全稱為菩提達摩。據記載，達摩原為南天竺僧人，屬婆羅門種姓。西元520年航海至廣州，又往北魏，在洛陽、嵩山等地遊歷並傳禪學。後遇慧可，授《楞伽經》四卷。在嵩山少林寺「面壁而坐，終日默然」，達9年，以至他的精靈入石，在石壁上留下了他的整個人影像。他的精靈是不是真的達到

了「精魂入石形影在」的境界呢？這塊被視為少林寺的傳世珍寶面壁石究竟是怎樣形成的呢？

據《登封縣誌》記載：「石長三尺有餘白質墨紋，如淡墨畫，隱隱一僧背座石上。」明代文學家袁宏道也寫過：「石白地墨紋酷似應真。」清代姚元之所著《竹葉亭雜記》中說：看面壁石上的影像「遠近高低各不同」，「向之後退至五六尺處漸顯人形；至丈餘則儼然一活達摩坐鏡中矣」。

面壁石曾經引起許多文人的猜測，遺憾的是，那塊「照石瞻遺像」的達摩面壁石卻在1928年被軍閥石友三縱部焚燒少林寺時被大火燒毀，面壁石也已遺失。

面壁石上的達摩影像究竟是如何模樣，這對於今人來說，就成了千古之謎了。有人認為，嵩山少林寺中的那塊「達摩面壁石」中的影像，不是達摩面壁九年後「精魂入石形影在」的產物，是人工製作而成的。有人因此推測，這面壁石中的影像是用「螺煙滲石」的工藝製成的「石畫」。千百年來，由於歷代文人稱頌介紹，使「精靈入石」成為莊嚴肅穆的嵩山少林寺頭上的一道神聖光環。

但是也有人懷疑，石塊的改色，大理石的彩繪是近代發展起來的新工藝。1000多年前的人們是否已掌握了岩石繪畫工藝，讓彩墨滲入石內而混為一體成為影像的技巧，就很難

說了。

　　有人因此查閱了大量有關嵩山的地質資料，又到達嵩山少林寺達摩洞實地考察。發現該洞石質屬寒武系石灰岩，白灰色的石灰岩被碳質浸染，形成各種墨色花紋。

　　在這樣的石洞中出現一塊似人形花紋的天然圖案石塊是有可能的，達摩面壁處出現一大塊隱隱約約像人形圖案純屬巧合，也是由於後人的撰文稱讚，才變得神祕難測。然而，究竟孰是孰非，至今仍是個謎團。

峨眉山佛光之謎

● 很多人見過峨眉山佛光，實際上它並不是真正的佛光，只是一種自然現象。

有「天下秀」之稱的峨眉山，千百年來一直蒙著一層神祕的面紗，舉世聞名的日出、雲海、佛光和聖燈四大奇觀更為其增添了神祕色彩和靈異之感。在其他地方極為罕見，但卻在峨眉山主峰金頂一帶經常出現，一年中平均會出現60多次，多的時候一年甚至出現80多次，因此人們又把它稱之為「峨眉寶光」。

金頂海拔3077米，與相鄰的千佛頂、萬佛頂三峰並峙，猶如筆架一般。三峰東臨懸崖，峭壁高達二千多米，這種得天獨厚的地勢形成了峨眉山特有的「海底雲」。

在天氣晴朗的日子裡，當遊客站在峨眉山金頂背向太陽

而立，而前下方又瀰漫著雲霧時，有時會在前下方的天幕上，看到一個外紅內紫的彩光環，中間顯現出觀者的身影，且人動影隨，人去環空。即使兩人擁抱在一起，每個人也只能看到各自的身影，令人驚異。這就是四川峨眉山神奇的「佛光」現象。

佛光因色調、形狀、大小的不同，有各種不同名稱的光，如有水光、辟支光、童子光、金橋、清現、反現、大現、小現等。

佛光，佛家說是普賢菩薩向凡夫俗子顯露真容，隨緣應化，故又稱「光相」。據載，峨眉山佛光每月均有出現，夏天初冬出現的次數最多，最多時全年可達100次左右。

千百年來，「峨眉寶光」馳名古今中外，佛教的渲染使其更富有傳奇彩和神祕感，吸引著無數的好奇者。許多人都試圖對神祕的「佛光」做出科學解釋。

歷史上，峨眉山佛光很早就有記載。相傳東漢永平年間，有位採藥蒲公為一隻仙鹿所引，登上金頂後，驚奇地發現了佛光。後經印度寶掌和尚指引，認識到佛光就是「普賢祥瑞」。蒲公於是在金頂建造了普光殿（也稱光相寺）供奉菩薩，從此開創了峨眉山佛教的歷史。

佛家認為，要與佛有緣的人，才能看到此光，因為佛光

是從佛的眉宇間放射出的救世之光，吉祥之光。清代康熙皇帝還特地題寫「玉毫光」三字，賜予佛光常現的金頂華藏寺。千百年來，無數虔誠的善男信女登上金頂，在目睹了神奇的佛光後，無不驚奇為「菩薩顯靈」。

那麼，「佛光」是不是真的菩薩顯靈呢？氣象專家介紹，其實佛光是峨眉山特殊的地理環境造成的，日光在傳播過程中，經過障礙物的邊緣或空隙間產生的展衍現象，即衍射作用而形成的。

原來在峨眉山的「海底雲」中，空氣濕度很大，這為太陽光線提供了充裕的「遊戲場所」。在雲層之上，當太陽金燦燦地散發出萬道金光時，雲霧水滴中的空隙便會發生光的衍射作用，進而產生內紫外紅的彩色光環，色帶排列正好與虹相反，佛光的相往往不像彩虹那樣清晰分明，而是像水彩畫那樣濕潤地融合在一起。

為什麼只能看到自己的身影呢？主要原因是：雖然雲層中的水滴和冰晶點很多，但人們各自所見的光環，只是各自眼睛所視為頂點的那個光錐面的水滴或冰晶點作用的結果。就如同各自對照著一面小圓鏡，自然照見的也就是各自的身影了。如果觀者與太陽和光環恰好在一直線上，就可以看見人影映於光環之內，人行影亦行，人舞影亦舞，彷彿是在仙

境之中了。

　　峨眉山佛光其實是大自然的傑作，並不是菩薩顯靈。大自然的許多祕密不是不可解釋，只是尚未被認識清楚，這是我們都應該知道的道理。

莫高窟萬道金光之謎

● 莫高窟出現的「金光」和「佛光」，是「佛祖顯靈」
呢？還是一種自然現象？

　　世界上任何藝術都有其光怪陸離的謎團，莫高窟就有不少，窟區出現萬道金光就是其中之一。每當雨過天晴、空氣清新的清晨或黃昏，莫高窟旁的三危山能放射出五彩繽紛的光芒！

　　佛家認為，只有與佛有緣的人，才能看到佛光，因為佛光是從佛的眉宇間放射出的救世之光，吉祥之光。傳說1600多年前，敦煌莫高窟建窟前曾閃現「金光」和「千佛」的奇異景象。

　　西元366年的一天傍晚，在中國西北部的甘肅省敦煌市附近的一座沙山上，「佛光」的一次偶爾呈現被一個叫樂僔

的和尚無意中看到了。看到「佛光」的樂僔當即跪下，並朗聲發願要把他見到「佛光」的地方變成一個令人崇敬的聖潔寶地。受這一理念的感召，經過工匠們千餘年斷斷續續的構築，終於成就了我們今天看到的這座舉世聞名的文化藝術瑰寶——敦煌莫高窟

至今高窟保存的武周聖曆元年《李克讓修莫高窟佛龕碑》還有記載：「有沙門樂僔，戒行清虛，執心恬靜。嘗杖錫林野，行至此山，忽見金光，狀有千佛，逐架空鑿岩，造窟一龕。」文中所指的山即三危山，所造的龕像，就是敦煌千佛洞最早的洞窟。

這一碑文記載，是目前有關莫高窟開鑿年代和開鑿動機的最原始記錄，也是被學術界普遍接受的一種觀點，但長期以來，對「忽見金光，狀有千佛」的認識，卻是眾說紛紜，莫衷一是。

「金光」和「千佛」的突現，是「佛祖顯靈」還是自然奇觀？有人認為，三危山純為砂礫岩層，屬玉門系老年期山，海拔高度約1846米，岩石顏色赭黑相間，岩石內還含有石英等許多礦物質，山上不生草木。由於山岩成分和顏色較為特殊，因而在大雨剛過、黃昏將臨，空氣又格外清新的情況下，經落日餘暉一照，山上的各色岩石便同岩面上未乾的雨水及

空氣中的水分一齊反射出五彩繽紛的光芒，將萬道金光的燦
爛景象展現在人們眼前。

還有人認為，莫高窟修造在鳴沙山東麓的斷崖上。崖前
有條溪，在唐代叫「岩泉」，現今叫大泉河，河東側的三危
山與西側的鳴沙山遙相對峙，形成一個夾角。

傍晚，即將沉入戈壁瀚海的落日餘暉，穿透空氣，將五
彩繽紛的萬道霞光灑射在鳴沙山上，反射出萬道金光，這正
是我們有時看到的「夕陽西下彩霞飛」的壯麗景象。

近年來，有專家分析認為，「金光」其實是自然界在一
些特殊氣候、地理環境條件下形成的較為常見的一種大氣光
象，即「寶光」。而「千佛」則是觀者自己的身影投射到「寶
光」環中所形成的，由於雲霧迷漫導致本影輪廓模糊，使觀
者誤將其當作「佛祖」顯靈，再加上半影或虛影的錯位放大，
相互重疊及遮掩作用，更覺得光環中有無數個「佛體」在躍
動。

如果用現代氣象物理學解釋的話，莫高窟的「金光」和
「千佛」就是在光的「衍射－反射」成像原理下形成的一種
特殊光象，學術界稱為「寶光」。這是一種在雲霧山地的地
方常見的一種大氣光象，現在的敦煌莫高窟一帶難以遇上「寶
光」，是因為該地處於沙漠地帶，空氣乾燥，濕度極低，平

日較難形成雲霧。只要雲霧、光照條件合適,人們還是可以看到大致相仿的「寶光」景象。

　　無論是哪種「金光」,都是一種在特殊條件下的自然現象。但究竟哪種解釋更具說服力,還有待科學家進一步探究。

千古佛燈

● 廬山天池佛燈，被世界著名氣象學家竺可楨列為廬山三
大疑案之一，至今仍無確切的解釋。

在廬山，有一種奇特的自然現象——佛燈，千百年來，
閃爍變幻的佛燈、神燈作為一種罕見的自然奇觀，使這座風
景名山更為遐邇聞名，吸引了無數人前往覽勝探祕。由於佛
燈是極不容易見到的，因而更增添了它的神祕色彩。

廬山天池佛燈一直是人們心目中一個難解的謎，被世界
著名氣象學家竺可楨列為廬山三大疑案之一。廬山大天池西
側的文殊台，是觀看日落拜望皓月的最佳之處。然而在農曆
十五日前後，當月朗星明，碧空如洗之夜，山下黑漆漆的幽
谷間，會倏然湧現熒熒亮光。亮光時大時小，時聚時散，忽
明忽滅，忽左忽右，或近或遠，好像一盞盞燈籠遊動在天池

山林周圍，又像是螢火蟲在山間閃爍。「燈」的顏色是白色或青色，有的時候微帶綠色。僧道們都說這是過路的神佛手提燈籠穿行在天地之間。這就是聞名遐邇又充滿神話色彩的盧山文殊台佛燈。

千百年來，歷代文人雅士和遊人為拜識佛燈而不遠千里來到盧山。傳說晉代大書法家王羲之為了膜拜文殊台的佛燈，捨卻江州太守之職，上盧山結廬守候佛燈的出現，但住在盧山的數年裡，一次也沒見到佛燈。他撫額長歎，自認與佛無緣，失望地離開了盧山。從此，他也就放棄了皈依佛門的念頭。

一千多年前的南宋時，詩人周必大遊盧山在天池寺住宿，當夜在山上看到半山腰間忽明忽暗，飄忽不定地出現了許多如繁星閃爍的火光。宋代朱熹也曾帶幾個學生來文殊台拜觀佛燈。朱熹見「光景明滅，頃刻異狀，諸生或疑其妄，予謂僧言則妄，光不可誣，豈地氣之盛然耶？」

1930年天池寺主持高慧，在大雷雨過後也見到了佛燈：似乎有數百支巨大的電光，由岩底直往上升，通明的電光照在室內地下可以撿到針和芥菜子。

從古至今，人們對佛燈現象有種種解釋。范成大（青城行記）：「夜有燈出四山，以千百數，謂之聖燈。聖燈所至，

多有說者，不能堅決。或云古人所藏丹藥之光，或謂草木之靈者有光，或又以謂龍神山鬼所作，其深信者，則以為仙聖之所設化也。」清代蔣超親眼看到過佛燈之奇，在《佛燈謎》中說：「若佛燈一事，或云是古木葉也，或云是千歲積雪精瑩凝結也。」

1961年秋，著名氣象學家竺可楨在遊廬山時，曾將佛燈作為廬山大自然的三大謎題之一，向廬山有關研究所提出來，希望科學工作者能予以研究。

於是，許多人紛紛予以解釋，原因也是五花八門：有人說是九江城燈火折射而致；有人說是空中星光反射到山谷雲霧上而發的亮光；有人認為佛燈即民間聽說的「鬼火」，是山中千百年來死去的動物骨骼中所含的磷質，或含磷地層釋放出來的磷質，在空氣中自燃所造成的；還有人說是石門澗瀑布飛濺的水花灑在山谷的雲霧中，增加了雲霧的濕度，雲霧中含的水分增多密度擴大，在月亮和星光的輝映下產生的反射，因而呈現閃爍的亮光。這許多解釋都缺乏使人信服的科學依據。

還有一位當過海軍航空兵提出一種新的解釋：他認為佛燈是「天上的星星反射在雲上的一種現象」。夜間無月亮時，駕駛飛機在雲上飛行，這時的雲層就像一面鏡子，從上向下

看，不易看到雲影，只看到雲反射的無數星星。飛行員在這種情況下易產生「倒飛錯覺」，就是感到天地不分。

他聯想到在月黑星燦的夜晚，若有雲層飄浮在盧山大天池文殊台下，天上的星星反射在雲上，就有可能出現佛燈現象了。由於半空中的雲層高低不一，飄移不定，所以它反射的熒熒星光也不是固定的。也許在這個角度反射這一片，在那個角度就反射另外一片，進而造成閃爍離合、變化無窮的現象。

然而，為什麼在其他山區就不能見到這種雲反射星光的現象呢？而且就是在盧山上，也只有特定地點才能一窺佛燈、神燈的風采，可見這種說法尚不足以定論。

由於眾多解釋都無法完全使人信服，加之佛燈不常出現，就是居住在山上幾十年的人，也難得看見一次，因而佛燈之謎至今懸而未決。

雲居寺之謎

● 雲居寺保存的佛祖舍利是中國為數不多的佛祖舍利，那
麼它的來歷是什麼呢？

　　距離北京城約80公里的房山縣南尚樂鄉境內，有一處著
名的旅遊勝地——石經山和雲居寺。由於這裡珍藏著有1000
多年歷史的一萬多塊石經板，吸引了眾多的遊人前往觀瞻。

　　1981年11月27日，雲居寺保管所的工作人員在清理著名
的石經山雷音洞地面時，從原地面拜石下發掘出了明代庋藏
佛舍利石函。

　　佛舍利是以函套函的形式來珍藏的，封存嚴密。盛放佛
祖舍利的石函有5套，打開石函，依次是隋青石函、明漢白
玉函、隋銀函、羊脂玉函。在羊脂玉函裡，有兩粒赤色、為
小米粒般大小的佛舍利，旁邊還伴著兩顆珍珠。

　　佛舍利的發現非同小可，它使雲居寺在佛教界聲名大噪，而隨之而來的，便是對這兩顆佛舍利的探究。所謂舍利，其實就是佛和有德行的出家人的遺體。佛典記載，佛教祖師釋迦牟尼圓寂火化後，弟子們在遺體的灰燼中得到了一塊頭頂骨、兩塊肩胛骨、四顆牙齒、一節中指指骨舍利和8萬4千顆珠狀真身舍利子。

　　佛祖的這些遺留物被信眾視為聖物，爭相供奉。後來，摩揭陀國人和釋族等八個國家分取了佛舍利，各在他們的本土上建塔安奉。

　　那麼？佛舍利是怎樣來到中國，又到了雲居寺？佛舍利的安放為什麼沒有按照常規埋於塔下？據函蓋上的文字和偶然發現的史書記載，玉函中的佛舍利是三粒，而另一粒何在？

　　雲居寺原來的全稱是「西域雲居禪林」，由隋唐至明清香火不絕，鼎盛時期寺內僧侶達數百人。隋唐期間，居住在這裡靜琬和尚為防止經卷毀壞，開始刻造石經，並由寺院的和尚代代相傳。

　　據史書記載，隋文帝楊堅幼時曾寄養在尼姑智仙家中十多年。智仙說楊堅佛性自通，預言他日後定會登基，並重興佛教。果然，楊堅登基稱帝，大興佛事。後來，一個印度僧人來中國，把一部分佛舍利獻給了隋文帝楊堅。隋煬帝即位

後對佛教篤信依然，在得知靜琬刻經之事後，隋煬帝賜予佛祖肉身舍利以為表彰。

因當時戰事仍頻，靜琬生怕舍利遭劫，將佛祖肉身舍利安放於雷音洞中，並親筆題寫了函蓋上的36個字：「大隋大業十二年，歲次甲子，四月丁巳朔，八日甲子，於此函內，安置佛舍利三粒，願永持永劫。」

既然史料記載舍利為三顆，現在為何少了一粒呢？據劉侗、于奕正所著的《帝京景物略》記載，明萬曆二十年五月十二日，達觀和尚來雲居寺，率侍者整理雷音洞。這時發生了一種奇異的現象：「光燦巖壑，風雷動地」。

達觀在墊平洞中拜石時發現下面有地穴，地穴中藏有石函，內有隋大業十二年埋下的佛舍利三粒。佛寶出世，轟動朝野。慈聖太后下旨將舍利迎入宮中供養三日，後重新將舍利安放在雷音洞內。佛舍利在安放800年後被明代的人們發現，然後又歸於原處，而今天發掘時竟少了一粒，問題出哪兒呢？

有人分析，慈聖太后誠心禮佛，也許悄悄自留了一粒；有人判斷，可能是迎送舍利的臣下在送還時私藏了一粒。還有的人說，迎入宮中供養期間，舍利也可能遺失。眾說不一，但誰也無法肯定，因為至今還沒有發現這方面的任何記載。奇怪的謎何時才能解開？

雷峰塔地宮之謎

● 雷峰塔下真的有白娘子嗎？科學的考古挖掘給了我們一個明確的答案。

　　雷峰塔位於美麗的西子湖畔，金碧輝煌，巍峨壯麗，是一座磚身木簷的樓閣式塔。它有著1000多年的歷史。西元975年，吳越國王錢弘俶為慶賀妃子黃氏得子而建，俗稱黃妃塔，據說塔里奉藏有釋迦牟尼真身舍利——佛螺髻髮及佛經。因塔在西關外，也叫西關磚塔。後人又因塔在名為雷峰的小山上，改稱「雷峰塔」。塔原共七層，重簷飛棟，窗戶洞達，十分壯觀。

　　雷峰塔曾是西湖的地標性景點，舊時雷峰塔與北山的保俶塔，一南一北，隔湖相對，有「雷峰如老衲，保俶如美人」之譽，西湖上亦呈現出「一湖映雙塔，南北相對峙」的美景。

每當夕陽西下，塔影橫空，別有一番景色，故被稱為「雷峰夕照」。

北宋宣和年間（1119~1125年），雷峰塔遭戰亂受損。南宋初，重修為八面、五層樓閣式塔，建築和陳設重現金碧輝煌，特別是黃昏時與落日相映生輝的景致，被命名為「雷峰夕照」。此後一直到元代，雷峰塔境況猶盛。

明嘉靖三十四年（西元1555年），倭寇入侵杭州，縱火焚塔，塔簷等木結構件被毀，災後古塔僅剩磚砌塔身，通體赤紅，一派蒼涼、凝重風貌。

到清朝後期，因年久失修，再加上民間盛傳雷峰塔磚具有「辟邪」、「宜男」、「利蠶」的特異功能，盜挖塔磚的人很多，塔基開始削弱。1924年9月25日下午1點40分，塔芯終因塔磚盜挖過多而轟然倒塌，雷峰塔僅存遺址。

雷峰塔倒塌之後，不僅作為西湖十景之一的「雷峰夕照」成了空名，而且「南山之景全虛」，連山名也換成了夕照山。

對大多數人而言，雷峰塔就是白蛇和許仙浪漫故事的象徵。為了愛情的白娘子就被法海鎮壓在雷峰塔下。白娘子就在雷峰塔下嗎？1000多年來一直是一個不解之謎。

1000多年以後的今天，雷峰塔又向世人揭開了一個它埋藏了千年的祕密。2001年3月11日，雷峰塔地宮被考古隊員

打開，千年地宮之謎終於在一塊石蓋板撬開以後解密了。地宮一共出土了包括盛放佛螺髻髮的金塗塔在內的68件珍貴文物。

舍利函的開啟工作是在2001年3月14日晚上7點開始的，開啟不久，一尊高35公分的鎏金銀質金塗塔展現在考古人員面前。這座塔的底座呈方形，透過金塗塔塔身鏤空處，還可以看到塔內放置著的一個金質容器。考古人員初步斷定這應該就是金棺。

根據史料的記載和雷峰塔遺址中出土的碑文，神祕的佛螺髻髮應該就供奉在金塗塔內的金質容器裡。傳說當年阿育王將佛祖釋迦牟尼的舍利分成了84000份，並分供在世界各地。佛螺髻髮在雷峰塔地宮中的出現，在印證了一個關於佛祖釋迦牟尼的古老傳說的同時，再一次向世人昭示了中國南方當時繁榮的社會經濟文化和積極頻繁的對外交流狀況。

在出土的文物中，包括銀質鎏金金塗塔在內的金銀器無疑是最為珍貴，最有研究價值的，這顯示中國的金銀飾品製作工藝在唐代達到了高峰。作為中國古代質地最為貴重的佛器，這些金銀製品做工考究，造型精美，工藝水準十分高超，代表了當時吳越國王朝先進的工藝製作水準。

地宮發掘完成後，專家發現，1000多年前的古人對雷峰

塔地宮的修築是非常規範和認真的。地宮上部有2.6米厚度的「防水層」，其中1.3米為堅實的夯土，1.3米為排列緊密的青磚，磚與磚間由石灰黏結，而地宮四周也是同樣厚度的青磚層。因此，雷峰塔地宮的修築在當時的科技條件下是很嚴謹的。

至於地宮中為何會出現浸水的情況，專家解釋說，這可能是地宮剛剛修築完，就遭遇了古人無法預測的暴雨天氣，又缺乏必要的防雨設備，導致低凹處的地宮口大量積水，滲透到了地宮。

從發掘情況看，地宮大理石蓋板由於時間或外部的作用產生了裂痕，雷峰塔遭火燒或倒塌後，水透過這些裂痕滲透到地宮中。

1999年底，浙江省暨杭州市人民政府在發掘雷峰塔地宮後，決定建造雷峰塔遺址保護設施，並對遺址保護設施的內在功能和外觀形象加以延伸、拓展，按雷峰塔原有的形制、體量和風貌建造雷峰新塔。

雷峰塔重建工程於2000年12月26日奠基後進展順利。2002年10月25日，雷峰新塔如期落成。

應縣木塔斜而不倒之謎

● 比薩斜塔世界聞名，在山西省應縣，也有一座斜而不倒
的木塔。

應縣木塔位於山西省應縣城內，原名佛宮寺釋迦塔，俗
稱應縣木塔。它是中國古代高層木構建築的代表，也是世界
上現存最高且年代最久的木結構佛塔。全塔逐層立柱，近60
種斗拱相互交錯，集中國古代建築斗拱之大成，堪稱世界建
築史上的傑作。

木塔之基分為上下兩層，均為青石砌築，下層為方形，
上層為八角形，台基各角均有角石，上雕石獅。塔身呈八角，
共有五層六簷，四級暗層，實為九層。塔頂為八角攢尖式，
上立鐵剎一座，由仰蓮、覆缽、相輪、火焰、仰月、寶瓶以
及寶珠等物組成。木塔總高為67.31米，底層直徑為30.27米，

比北京北海公園之白塔高出31.41米，比西安大雁塔高出3.21米，它是現存最古老、最高大之木結構建築。

木塔建於遼清寧二年（西元1056年），據傳，當初在應縣建造木塔的原因是：應縣地處內長城要衝，轄有北樓口、石口、馬蘭口、茹越口、胡峪口等重要衛口，乃兵家必爭之地，後晉石敬瑭割讓燕雲十六州以後，宋遼兩軍經常在此刀兵相見，為了窺測軍情，弘揚佛事，便建造了這座高大木塔。

木塔建成後，歷經近千年的風雨侵蝕和多次地震、炮擊的重創，至今仍舊屹然壁立，沒有倒塌。木塔設計之精密，結構之合理，質地之堅固，均為世上罕見。因此，受到了國內外各界人士高度讚揚，一致稱譽它為「建築結構與使用功能設計合理的典範。」

應縣民間一直流傳著這樣的說法：應縣木塔有三顆寶珠：避火珠，避水珠，避塵珠。這三顆寶珠分別安放在釋迦牟尼塑像最高貴的部位，從此，塔內一片佛光寶氣，木塔可以自行防火、防水、防塵。

避火珠是說天空打雷，炮火襲擊，木塔一概沒有失過火，是有避火珠把火逼走了；避水珠是說原來應縣城四個角都有水，可是到了塔底下就沒有水，這座塔寺也不下沉，是避水珠起了作用；木塔上面一直沒有塵土，就是說一有塵土，避

塵珠就把塵避走了，所以塔上乾淨。有了這三顆寶珠，木塔才安然無恙，屹立千年。

為了弄清應縣木塔千年不倒之謎，許多專家進行了實地勘察，初步揭開了木塔「長壽」之謎。專家認為，應縣木塔本身精巧的結構體系和工匠對建築材料的精心選擇以及當地易於木材保存的獨特氣候，是維持木塔千年不倒的原因。同時，木塔基土主要由黏土及砂類組成，工程地質條件非常好，其承載力遠大於木塔賦予的荷載。所以，直到現在仍然不必擔心木塔會有因「底虛」而傾倒的可能。

有的建築專家分析道，木塔採用了分層疊合的明暗層結構，用小規格的木料組成宏大的塔身，空間結構體系近似於當今世界上一些高層建築。另外，古代匠師在經濟利用木料和選料方面所達到的水準，也令現代人為之驚歎。

這座結構複雜、構件繁多、用料超過5000立方米的木塔，所有構件的用料尺寸只有6種規格，用現代力學的觀點看，每種規格的尺寸，均能符合受力特性，是近乎優化選擇的尺寸。

在歷史上，木塔也曾經過修繕。據記載：名正德三年，武宗巡幸宴賞，御題「天下奇觀」，出帑金，命太監周善修葺。萬曆間重修，州人田意記。國朝康熙六十一年、雍正四

年，知州章宏、蕭綱相繼修葺，乾隆三十一年重修。人們在遊覽木塔二、三層的時候常常會發現，不少木柱、闌額、普拍枋上面都殘存著累累彈痕，一些被修補過的地方，「手術」痕跡仍十分明顯。

在世界現存古木建築中，形體如此高大、年代如此久遠的古木塔已是孤例。木塔雖然沒有倒，但也已經傾斜多年了，像個垂垂老者，不堪重負。為了使木塔能夠屹立更久的時間，還是需要對它進行不斷修復的。

法門寺地宮之謎

● 法門寺地宮是珍藏佛祖真身舍利的地方，它的挖掘，讓
人們一睹佛祖舍利的真容。

　　法門寺，在西安西面110公里的扶風縣內。塔在佛教中
是瘞埋舍利的標誌，法門寺塔就是一座佛教舍利塔。史籍中
記載著法門寺塔下有地宮，裡面埋有釋迦牟尼的一節指骨舍
利和無數珍寶，但後人一直無法斷定這是真實的存在還是虛
幻的傳說。

　　1981年8月24日，法門寺塔在度過402個年頭後，半壁
坍塌，另一半傲然兀立。塔的倒塌給了考古學家一個揭示祕
密的機會。1987年春天，人們開始對法門寺塔進行考古發
掘。4月3日，進入塔底地宮的考古學家被眼前的景象震驚
了，他們不僅看到了佛教世界至高無上的真身佛舍利，也看

到眾多精美無比的唐代宮廷珍寶。在幽暗的禁錮中度過漫長歲月後，2000多件大唐珍藏簇擁著佛祖的真身舍利重返人間。

雖然由於塔身的巨大壓力、地震以及年代久遠，造成了天頂和地面損毀，但考古人員發現，洞內放置的物品卻安然如初。一千多年前的阿育王塔依舊色彩奪目，它用整塊漢白玉雕成，塔的四面雕刻著身姿婀娜的菩薩像，朱紅色的裙褲和粉綠色的披帶，就像剛剛畫就的一般。

在一個白藤箱中發現的已經粘成一堆的絲綢服裝，更讓考古人員興奮不已。此前人們根本不知道唐代皇家絲綢是什麼樣的，而這次發現的箱子裡一共有幾百件衣服，裡面有惠安皇太后的，甚至包括武則天的裙子。遺憾的是，大部分絲織品已經炭化和部分炭化。但在炭化的絲織品中，人們驚訝地發現有5件保存完整的蹙金繡。蹙金繡的金線是用黃金拉成的，平均只有0.1毫米，最細的地方比頭髮絲還要細。正是這些鑲嵌在織物中的金線阻擋了時光的侵蝕，讓人們在1000多年後還能一睹唐代絲綢的真容。

在地宮後室裡，人們首先發現了一枚玉製佛骨，後來又發現了一個鏽跡斑斑的鐵函。打開鐵函，裡面是一層銀函，銀函內是檀香木函，木函裡有一只鑲嵌著碩大寶石的水晶棺槨，最裡面是潔白的小玉棺：一枚佛指靜靜地躺在玉棺裡！

這枚骨質的舍利，毫無疑問就是至高無上的佛祖釋迦牟尼真身指骨。

接下來，人們從漢白玉靈帳和阿育王塔中又發現了兩枚玉質的佛骨。但指骨世界上只有唯一的一枚，就是法門寺的這個指骨。那麼地宮中為什麼會有一骨三玉四枚佛指舍利呢？

據說，唐代第15位皇帝唐武宗不喜歡佛教，他上從西元841到845年連續進行了5年的滅佛運動，法門寺當時受破壞最重。石碑上記載，武宗要把舍利調到面前當殿碾碎，一個法門寺的和尚冒著生命危險把舍利保留下來，做了一個假的獻給了皇帝。法門寺地宮中的4枚佛指舍利與這一說法相吻合：一枚真身佛指，是靈骨；三枚玉質佛指，是影骨，也就是複製品。

在唐朝，人們一直相信這樣的神話，說法門寺塔30年開啟一次，把佛骨請出來讓世人瞻仰，就會國泰民安，風調雨順。唐朝第二位皇帝唐太宗李世民，在西元632年命令開啟法門寺地宮，讓人們禮拜佛指，祈禱佛祖保佑平安。

在唐朝300多年的歷史中，先後有6位皇帝迎奉過佛骨。西元874年，佛指舍利本身連同敬獻佛祖的珍寶被永久地封閉在了地宮，直至1113年後考古人員重新開啟地宮。

佛的世界充滿玄機。當法門寺地宮中的珍寶終於被轉移

到精心修建的博物館展廳時，人們卻發現還有更多的謎團沒有破解。用大理石砌的地宮為什麼全部塗成了神祕的黑色？為什麼法器上凡有空隙的方都刻著各種菩薩像？為什麼這些菩薩像跟一般佛教寺廟中的不一樣？所有珍寶的擺放似乎是有秩序的，但那是一種什麼樣的秩序？又有著怎樣的內涵呢？

法門寺地宮雖已經過整理發掘，但要完全破解地宮中的祕密，尚需更多的時日和更深的思考。

5000年的女神廟之謎

● 女神廟或許不僅僅是個祭祀的場所，它可能是中華文明的一個源頭。

在遼寧牛河梁主梁頂向陽山坡的松林叢中，掩藏著一個距今5000～6000年的女神廟。它的上部已經塌方；下部則保存得十分完整，沒有受到人為和自然的損害。它的建築由處在同一中軸線上的一個多室和一個單室兩組建築構成，多室在北，為主體建築；單室在南，為附屬建築。透過兩組建築就已經能初步見出神聖殿堂的雛形。

女神廟的建築技術已有相當高的水準，頂蓋牆體採用木架草筋；內外敷泥，具有承重合理、穩定性強的特點。牆面壓光後再施彩繪，顯示當時的建築已有內外裝修。從建築結構看，主體建築既有中心主室，又向外分出多室，以中軸線

左右對稱，另建置附屬建築，形成一個有中心，多單元對稱
而又富於變化的殿堂雛形。

在女神廟的四周，還有石頭砌成的祭壇和積石塚環繞，
形成一個統一而完整的祭祀中心。這不禁讓人自然地聯想起
古籍中記載的大型祭祀女媧的活動。女媧在中國古代神話中
是一位備受敬仰的女神，在她死後，人們仍念念不忘她給予
的恩惠，以各種形式來紀念她。

據古書記載，每年春月，神廟盛會，青年男女自四面八
方來到此會合，舉行祭神、祈神等活動，並踏歌起舞，歡娛
作樂，表達對各種神靈的祝福與祈禱。如此盛大的祭祀女神
的活動，在中國遠古是否存在？一直是困擾在人們心中的疑
問。

女神廟裡出土的泥塑人像全都為女性，但是大小各不相
同，一般與真人大小接近，有的是真人的三倍，人們懷疑是
對主次女神的區別。有一尊真人大小的女神像保存得很完整，
看起來與現代人非常相似，是典型的蒙古人種。她的嘴角微
微上翹，露出一絲溫和的微笑，唯一使人覺得神祕而不可捉
摸的是鑲嵌在眼眶內的又圓又大的眼珠，居然是深不可測的
天藍色寶石！雖然她的體形較小，且偏置於神廟一隅，可能
不會是該室中的主神，但人們還是懷疑，她就是傳說中的女

媧。

居住在牛河梁的遠古居民對廟中大小有別的女神群像的奉祀，原是對主次有序的女性祖先的崇拜。除了人像之外，還出土有神化了的大型動物塑像，可辨認的有：做蹲狀的豬龍、彩繪豬龍的下頜、大鳥的雙爪殘塊等。由此不難推想此乃一座主神居中、眾神圍繞的多室佈局的神殿。殿中並以各類動物塑像為陪襯，神像前還陳設著精心刻鏤、造型考究的彩繪祭器。

更讓人吃驚的是女神廟的附屬建築，那就是用石頭砌成的祭壇和積石塚。祭壇的平面圖類似北京的天壇，前圓後方；塚的結構與後世的帝王陵墓相似；而女神廟則位於中心最顯著的地方，積石塚環繞女神廟四周，形成一個統一的整體，彷彿一個巨大的祭祀中心。祭壇上出土有引人注目的陶塑人像，其中兩件小型孕婦裸體立像，頭及右臂均已殘缺，腹部凸起，臀部肥大，並有表現陰部的記號。

女神廟文化遺址的發現給人們帶來了很多遐想，如果這裡真的就是當年祭祀女媧的場所，那就說明它和原始宗教有著密切的關係。更有人由此推論，中華文明的源流可能不是單一的，而是多元的，除了黃河流域和長江流域之外，東北地區可能也是源頭之一。

　　面對這些神祕的遺跡，我們的思緒無法不飛回到大約
6000年前在這裡舉行盛大宗教儀式時的狂熱場面。對偉大的
至高無上的女神的崇拜，在中原文化中，僅僅於神話裡還殘
留著一絲史影，而在女神廟遺址中，我們卻能親眼目睹六千
年前讓人們為之崇敬、激動的偉大女神的尊容和玉體。

　　不過，由於迄今為止，女神廟的地下埋藏絕大部分尚未
發掘出來，因此其真相仍撲朔迷離，神祕莫測。

文苑奇葩迷魂香

文苑本無謎，猜的人多了，謎也就越來越重了，最後誰也找不到答案的鑰匙。

2

Chapter

《山海經》：異國風物之謎

● 《山海經》，就像一個虛無縹緲的海外仙境，煙濤微茫
信難求。

　　魯迅在他的散文《阿長和山海經》中就說，小時候他讀
此書，就是覺得其中那些「人面的獸、九頭的蛇、三腳的鳥、
生著翅膀的人、沒有頭而以兩乳當做眼睛的怪物」十分有趣。

　　確實，打開《山海經》，首先進入人們視野的都是些稀
奇古怪的神怪動植物。《論語》說孔子「不語怪力亂神。」
《莊子》也說：「六合之外，聖人存而不論。」可是古人為
什麼要寫這樣一部怪物充斥的怪書呢？這本書又是何人所作
呢？自漢迄清，任憑學者們上下求索，卻誰也說不清書中那
些山在何方？水流何處？

　　按照劉向、劉歆父子和東漢王充的說法，《山海經》的

作者是大禹和伯益，但人們在《山海經》中卻找到了發生在大禹和伯益以後的史實。於是，關於《山海經》又有了「夷堅作說」、「鄒衍作說」等。有當代學者認為，《山海經》實際上是無名氏的作品，而且不是一時期一人所作。

不過，有關《山海經》作者的爭論並未到此為止，一些學者，特別是國外學者對《山海經》的內容的作過仔細分析和研究後，做出結論說，《山海經》的真正作者很可能是外國人。法國漢學家馬伯樂認為，《山海經》所述地理系受到西元前5世紀外來的印度和伊朗文化潮流的刺激和影響而成。其言下之意，暗示《山海經》的作者可能是印度人或伊朗人。而香港學者衛聚賢在其《古史研究》一書中，進一步明確《山海經》的作者為印度人隋巢子。

不僅《山海經》的作者不能爭論紛紜，就是其內容也一直被人們爭論不休。

漢代司馬遷在《史記》中說：「《禹本紀》，《山海經》所有怪物，余不敢言之也。」劉秀、王充相信此書是大禹和伯益在治理九州、周流天下時記載山川風土的地理風俗志；東晉學者郭璞認為此書是薈萃方外珍奇、闡發要道妙論的博物之書；朱熹稱此書是依託《楚辭·天問》湊合之作，又稱此書與《楚辭·天問》一樣，是摹寫圖畫而成；元代學者胡

應麟視此書為古今語怪之祖，純為戰國好奇之士搜采異聞詭物編造而成。

明代學者楊慎說此書記載的是禹貢九鼎上那些魑魅魍魎的圖像；清代學者畢沅、吳承志、郝懿行都把《山海經》當成地理書解讀，畢沅實地勘查西北地理，欲把《山海經》中的山川風物落到實處，吳承志則兼采史傳與傳聞，把《山海經》的地域擴展到當時的四夷邊疆。

到了現代，西學的輸入，讓學者眼界大開，對《山海經》的認識也異彩紛呈、眾聲喧嘩，魯迅說它是古之巫書，記載的是古代巫師祭神厭鬼的方術儀典；茅盾、袁珂說它是遠古神話，寄託了華夏先民豐富而奇麗的想像。

《山海經》時代的人早已不見了，但《山海經》時代的山川日月還在，他們對山川日月的觀照還歷歷在目的載於《山海經》。古人為什麼要留下這樣一部著作呢？在《山海經》那異彩閃爍的表像下面究竟是否隱藏著什麼祕而不宣的奧祕呢？有待於人們繼續探索。

瀋陽故宮的未解謎團

● 帝王之謎尚未解，帝王行宮之謎又籠罩雲霧而來。

瀋陽故宮，原名盛京宮闕，後稱奉天行宮，是清軍入關挪位置之前的皇宮，也是愛新覺羅氏的龍興之地。清朝的開創者就是在這裡邁出了他們入主中原的最後一步。由於史料缺失，瀋陽故宮仍然有許多待解謎團。

◆ 一、罕王努爾哈赤倉促遷都只為保江山龍脈嗎？

西元1621年，努爾哈赤率領八旗大軍以銳不可當之勢挺進遼東，並將都城從赫圖阿拉遷至遼東重鎮遼陽，大興土木，修築宮室。然而，出人意料的是，1625年3月初3早朝時，努爾哈赤突然召集眾臣和貝勒議事，提出要遷都盛京（今瀋陽），諸親王、臣子當即強烈反對，但努爾哈赤堅持自己的主張。

努爾哈赤為何如此「倉促遷都」呢？民間一直流傳，努爾哈赤深信「傳統風水」，按照風水先生的指點，他在當時的東京城西南角修建娘娘廟；在東門裡修建彌陀寺；在風嶺山下修建千佛寺，想用三座廟把神龍壓住，以保龍脈王氣。

但是，三座廟宇只壓住了龍頭、龍爪和龍尾，城裡的龍脊梁並沒被壓住。於是，龍一拱腰，就要飛騰而去，一直向北飛到渾河北岸。努爾罕赤以為龍是奉天旨意，命他在龍潛之地再修造城池，於是一座新城便拔地而起，並將此命名為「奉天」。又因為渾河古稱沈水，而河的北岸為陽，所以又稱「瀋陽」。

當然，傳說似乎過於神奇。研究人員表示，歷來建都建城，風水都是放首位的。瀋陽在渾河之陽，上通遼河，遼河又通大海，可說是一塊「風水寶地」。

然而研究人員同時又指出，努爾哈赤遷都瀋陽，更主要的目的應該是出於戰略進取上的考慮。首先，瀋陽乃四通八達之處，其地理位置對當時的滿族而言非常有利，北征蒙古，西征明朝，南征朝鮮，進退自如。

其次，原先的都城遼陽滿漢民族矛盾衝突嚴重，而瀋陽當時還只是個中等城市，人口少，便於管理，這樣可以避免滿漢矛盾的激化。

◆ 二、瀋陽故宮究竟何年開始建造？

由於史料沒有任何明文記載，瀋陽故宮究竟何年開始建造，也一直是歷史學家們爭論的一個焦點。鞍山市文物站的一位工作人員在當地發現了一本《侯氏宗譜》，其中關於修建遼陽東京城和瀋陽盛京城的記載非常詳細。

據《侯氏宗譜》記載，負責為瀋陽故宮燒製琉璃瓦的侯振舉家族是「於天命九年間遷至瀋陽，複創作宮殿龍樓鳳闕以及三陵各工等用」。有專家據此推斷，瀋陽故宮應該是在天命九年，也就是1624年開始建造的。

2003年1月15日，報紙發表了一篇題為《瀋陽故宮到底建在哪一年？》的文章，經研究員多年研究，認定瀋陽故宮的始建年代應為1624年（天命九年）。

但是有學者認為，《侯氏宗譜》中所說的「天命九年」指的是侯振舉一家遷居瀋陽的時間，而不是說侯振舉搬到瀋陽後就立即開始建造故宮。瀋陽故宮應該是從1625年開始建造的，理由有二：

首先，1624年，東京城還沒有建好，許多貝勒、大臣都還在忙著建自己的住所，努爾哈赤在沒有下達遷都命令之前，不可能在瀋陽建造故宮。

其次，努爾哈赤居住在位於城北的罕王宮，而不是故宮

裡。如果瀋陽故宮1624年就開始修建的話，那麼努爾哈赤為什麼不住在故宮裡反而要在故宮城旁居住呢？

◆ 三、誰才是瀋陽故宮的「總工程師」？

這些清代宮殿建築到底是誰設計的？又是由誰建造的？《侯氏宗譜》掀開了冰山一角。《侯氏宗譜》中記錄了這麼一段文字：「大清高皇帝興師吊伐以得遼陽，即建都東京，於天命七年修造八角金殿，需用琉璃龍磚彩瓦，即命余曾祖振舉公董督其事，特授夫千總之職。後於天命九年間遷至瀋陽，複創作宮殿龍樓鳳闕以及三陵各工等用。又賜予壯丁六百餘名以應運夫差役驅使之用也。余曾祖公竭力報效，大工於是乎興。選擇一十七名匠役，皆竭力報效……」

從以上文字可以判斷，侯振舉應該是建造故宮的負責人之一。但是考慮到瀋陽故宮中有許多建築是滿蒙風格，侯振舉作為一個漢人，不可能設計出來，所以除了侯振舉之外，應該還有其他的設計者和建造者。

對此，也有人提出了不同意見。有專家認為，侯振舉只是「燒製琉璃瓦的管窖人」，而不是瀋陽故宮的「工程師」，因為侯振舉是從海城遷至瀋陽的。根據《海城縣誌》載：「城東南三十五里，在岩山山麓有黃瓦窖，製黃琉璃瓦。清時工部派五品官監製黃瓦。以備陵寢宮殿之用。」

其卷2《民族》中有這樣的記載:「侯氏,原籍山西明福縣,後徙本境。清初隸漢軍旗,世襲盛京五品官,監製黃瓦,族繁戶眾,世居城東南析木城。」該縣誌又在《重修缸窯嶺伯靈廟碑記並序》中說:「清初修理陵寢宮殿,需用龍磚彩瓦,因賞侯振舉盛京工部五品官⋯⋯」

面對如此諸多的謎團,沒有人可以給出合理的解答,謎也一直是未解之謎。

圓明園珍寶的滅頂之災

●萬園之園，滄桑罹難。珍寶幾多，流落海外，蹤跡難尋。

「你可以去想像一個你無法用語言描繪的、仙境般的建築，那就是圓明園。這夢幻奇景是用大理石、漢白玉、青銅和瓷器建成，雪松木作梁，以寶石點綴，用絲綢覆蓋；祭台、閨房、城堡分佈其中，諸神眾鬼就位於內；彩釉熠熠，金碧生輝；在頗具詩人氣質的能工巧匠創造出天方夜譚般的仙境之後，再加上花園、水池及水霧瀰漫的噴泉、悠閒信步的天鵝、白鷳鳥和孔雀。一言以蔽之：這是一個以宮殿、廟宇形式表現出來的充滿人類神奇幻想的、奪目耀眼的寶洞。」

「埃及有金字塔，羅馬有競技場，巴黎有巴黎聖母院，東方有圓明園。儘管有人不曾見過它，但都夢想著它，這是一個震撼人心、尚不被外人熟知的傑作，就像在黃昏中，從

歐洲文明的地平線上看到的遙遠的亞洲文明的倩影」。

「在地球上某個地方，曾經有一個世界奇蹟，它的名字叫圓明園，它彙集了一個民族，幾乎是超人類的想像力所創作的全部成果……這個奇蹟現已不復存在，一天，兩個強盜走進了圓明園，兩個勝利者一起徹底毀滅了圓明園……這兩個強盜，分別叫做法蘭西和英格蘭。」這裡引法國著名作家雨果的幾段話，因為我們無法再用更美的文字來描述圓明園給人的震撼。或許這樣的文字也不夠，可是，已經沒有機會去考證了，面對圓明園的一片廢墟，我們心裡只迴盪著兩個詞：淒涼、悲壯。有誰可以再現700多年前初建成的圓明園，讓我們體會一下那種讓人透不過氣的美麗與輝煌呢？

圓明園的「圓」取周全之意，指個人的品德完美無缺，如同日月普照、恩澤萬物，代表君主治世治國的最高境界。「明」指明達、明智，意為君王的品德修養和聰明才智都超乎常人，達到了完美無缺的最高境界。圓明園的建設工程歷經百餘年，它聚集了無數能工巧匠的聰明才智、寓江南水鄉之明秀於北國山川之雄奇，使南北園林藝術交相輝映，號稱萬園之園。

圓明園內最大的一處歐式園林景觀為「海晏堂」。「海晏」一詞取意「河清海晏，國泰民安」，用以比喻天下太平，

有歌頌世界和平的吉祥含義。海晏堂中的精華就是「十二生肖水力鐘」，由十二生肖銅雕組成，每到一個時辰，十二生肖即依次輪流噴水，到中午十二時則十二生肖一起噴水，頗有趣味。這座噴水池是西方傳教士的創意，十二生肖雕像則有明顯的中國特色，可謂中西合璧的傑作。

就是這樣一座如夢似幻的天堂般的宮殿，在1860年完全被毀滅。1860年8月1日，英法聯軍在天津北塘登陸；第二天，大清咸豐皇帝就逃到了避暑山莊，大清帝國對侵略者毫不設防；8月21日，佔領大沽口炮台；9月21日，英法聯軍分三路對八里橋守軍發起進攻；10月6日，佔領圓明園，一場史無前例的浩劫開始了。近兩萬名聯軍士兵在圓明園中橫行整整兩天，拿走了圓明園中能拿走的一切珍寶，拿不走的便被毀掉了。以紳士風度和優雅著稱的英法人在這個時候已經完全喪失了源自骨子裡的高貴，他們用自己的行為向整個世界展示了本性中的無恥與貪婪，最先見證這一轉變的就是圓明園。

10月8日清晨，英法聯軍帶著大量引火材料，包圍了圓明園。他們砍伐花木，砸碎遊船，把它們堆放在各個樓堂殿閣內點起火來。圓明園陷入一片火海，什麼繁華絕世，什麼美輪美奐，什麼人間天堂，此刻都被無情的大火吞噬。這一

天的北京城裡到處瀰漫著松柏木燃燒的焦灼氣味。萬園之園從此從世界上消失了，十二生肖獸首也不知流落何處。

　　一個半世紀以來，中國人從未停止過尋找圓明園遺珍的腳步。但是，圓明園到底有多少珍寶誰也不知道，圓明園珍寶究竟流失何處也是一個謎，尋找工作極為艱難。直到2000年4月，香港突然傳來消息稱：佳士得拍賣行將於4月30在香港舉行「春季圓明園宮廷藝術精品專場拍賣會」，公開拍賣乾隆御製猴首銅像和牛首銅像等圓明園遺珍。蘇富比拍賣行也將於5月2日在香港拍賣原屬圓明園的乾隆御製虎首銅像。這三件銅像都是當年圓明園海晏堂前十二生肖水力鐘的構件，是確鑿無疑的圓明園遺珍。

　　得到消息的中國保利集團果斷決策，絕不能讓國寶再度流失。於是，保利集團指派所屬保利藝術博物館參與競投，當天，拍賣現場氣氛十分緊張。佳士得不顧民意，堅持拍賣兩件圓明園國寶銅像的行為，激起了市民的極大憤慨。因此，一批市民揮舞著上書「停止拍賣賊贓，立即歸還國寶」等標語的紙牌，在拍賣會場前大聲抗議，現場一時頗為混亂，拍賣會被迫延遲了半個小時。最後，不得不將會場封鎖。

　　民眾的愛國熱情更加堅定了保利集團志在必得的決心。拍賣會上，保利集團代表易蘇昊與神祕競標人鬥智鬥勇，最

終以3300萬港幣的價格拍得兩件國寶。競拍成功後的易蘇昊面對記者追問會如何處理這兩件藝術品時，只說了一句話：「它們屬於全體中國人民。」

兩天後，銅虎首的競拍過程同樣驚心動魄，市民的呼聲越來越強烈，雖然走廊中增加了很多全副武裝的員警，但仍有不少人試圖衝進會場，並不斷在外面高呼抗議口號，還有很多市民提交了抗議信。拍賣場裡的易蘇昊卻顯得很平靜，似乎胸有成竹，最後保利集團還是以1544萬元港幣競拍成功，購回了圓明園銅虎首。

2003年9月，澳門著名實業家何鴻燊又以600多萬元鉅款攜回圓明園銅豬首，並將其捐贈給保利藝術博物館。2007年8月初，何鴻燊先生又慷慨出資，花費6910萬港幣從香港蘇富比公司購回馬首銅像並捐獻給國家。至此，圓明園牛首、虎首、馬首、猴首、豬首銅像終於重逢。但回歸的每尊銅獸首都有了不同程度的損傷，銅像上留有英法聯軍很多鋸齒狀的槍托鑿痕，侵略軍留下的罪惡印記。

蒙娜麗莎為誰而笑

● 神祕的蒙娜麗莎，神祕的微笑，她是誰？她因何微笑？
她為誰微笑？

　　數百年來，人們一直對《蒙娜麗莎》神祕的微笑莫衷一是。不同的觀者或在不同的時間去看，感受似乎都不同。有時覺得她笑得舒暢溫柔，有時又顯得嚴肅，有時像是略含哀傷，有時甚至顯出譏嘲和揶揄。在一幅畫中，光線的變化不能像在雕塑中產生那樣大的差別。但在蒙娜麗莎的臉上，微暗的陰影時隱時現，為她的雙眼與唇部披上了一層面紗。因此，才會有這令人捉摸不定的「神祕的微笑」。

　　幾百年來，「微笑」的新解層出不窮。美國馬里蘭州的約瑟夫·鮑考夫斯基博士認為：「蒙娜麗莎壓根兒就沒笑，她的面部表情很典型地說明她想掩飾自己沒有門牙。」

　　法國里昂的腦外科專家讓‧雅克‧孔代特博士認為蒙娜麗莎剛得過一場中風，她半個臉的肌肉是鬆弛的，臉歪著所以才顯得微笑。

　　英國醫生肯尼士‧基友博士相信蒙娜麗莎懷孕了。他的根據是：她的臉上流露出滿意的表情，皮膚鮮嫩，雙手交叉著放在腹部。

　　性學專家推測：蒙娜麗莎剛剛經歷了性高潮，所以才表現出令世人傾倒的微笑。

　　而關於蒙娜麗莎的原貌也有不少說法：

◆ 一、佐貢多夫人說

　　在關於蒙娜麗莎原貌的討論中，最多的一種說法認為其原貌是佛羅倫斯富商佐貢多的妻子。

　　按照這種說法，達文西應法蘭西斯科‧德‧佐貢多的請求，用4年的時間為這位名叫麗莎‧迪‧格拉爾帝尼的貴婦繪製了這幅畫像。格拉爾帝尼生於1479年，在達文西繪製這幅畫時，她剛剛24歲，傳言中她還是一位名叫莫迪西的紳士的情婦。

◆ 二、斯福爾扎說

　　據《泰晤士報》報導，德國藝術史學家澤斯特在研究多年之後宣稱，《蒙娜麗莎》的原貌其實就是義大利的傳奇女

子斯福爾扎。

斯福爾扎在成為克雷迪的模特兒時剛好25歲，她是米蘭公爵的私生女，在文藝復興時期的義大利極富傳奇色彩，有「悍婦」之稱。1462年，15歲的她嫁給了教皇西克思圖斯四世的侄兒，聘禮是弗利和伊莫拉兩座城市。

她的第一任丈夫、情人與第二任丈夫先後被殺。1500年，斯福爾扎的家族在與博爾吉亞家族的爭鬥中失敗，在城破後被囚禁一年。被釋放8年後，斯福爾扎去世，享年46歲。

◆ 三、妓女說

那不勒斯的卡羅‧維斯教授認為，畫中的蒙娜麗莎不是良家女子，而是那不勒斯的一名高級妓女，達文西捕捉到了一名職業誘惑者的微笑。或許這種說法有其可信之處，因為達文西在佛羅倫斯期間的確是各種風月場合的常客。

◆ 四、達文西自畫像說

貝爾實驗室的莉蓮‧施瓦茨有一天忽發奇想，在電腦上將《蒙娜麗莎》與達文西的自畫像相重疊，發現二者的眼睛、髮際線與鼻子等輪廓竟然能夠完全重合。施瓦茨最終得出結論，《蒙娜麗莎》就是達文西的自畫像。至於達文西為什麼要把自己畫進一個永恆的女性形象，一種解釋是因為他要用這種方式隱晦地挑戰以基督教為代表的西方男性霸權話語。

蒙娜麗莎是一個雌雄合體，這是達文西心目中人性最理想的結合方式，男人和女人平等地融合在一起。從字源上來看，古埃及的生殖男神叫 Amon，生殖女神叫 Lisa，稍微玩一點變體的遊戲，合在一起的話，就變成了 MonaLisa。

神祕的蒙娜麗莎，神祕的微笑。妳究竟是誰？又究竟是在向誰微笑呢？

莎士比亞密碼

● 一個人的作品流傳千百年，到頭來卻不知其作者是何人？

　　舉世聞名的四大悲劇《哈姆雷特》、《奧賽羅》、《李爾王》和《馬克白》奠定了莎士比亞在世界文學史上的「巨人」地位，莎士比亞的名字早已越出國界，成為各國人民所崇敬的世界文化巨人。

　　然而，作為歐洲文藝復興時期最偉大的戲劇家，有關自己的身世莎士比亞本人未曾留下隻字片言。在他去世時，居然沒有人按照當地習俗為他寫一首哀詩。於是，人們開始懷疑是否真有莎士比亞其人。以威廉‧莎士比亞的名字發表的那些驚世之作，究竟是他本人寫的，還是另有其人呢？

◆ 一、莎士比亞就是英國著名哲學家弗蘭西斯・培根

把哲學家培根的筆記內容和莎士比亞初版作品比較分析，兩者有難以想像的相似之處。莎劇上至天文地理，外及異邦他國，內涉皇朝宮闈，通達古今，精深博大，出身卑微且從未踏進大學門檻的普通演員是不可能寫作完成的。作者藝術功底深，生活感覺廣，劇本情節生動感人，語言準確優美，全景式描繪了當時英國封建制度解體和資本主義興起時期各種社會力量的衝突，提倡個性解放，反對封建束縛和神權桎梏，人物栩栩如生，久演不衰。這種傳世之作應當出於造詣精深的哲人培根之手更合乎情理。

莎士比亞所處時代正是英國伊莉莎白王朝政治、宗教的變化動盪時期，上流社會和達官顯貴認為編劇演戲為有傷風化的恥事。但是，在劍橋大學和牛津大學的知識份子階層仍有一些學者暗地裡寫戲演戲。迫於社會壓力和公眾的輿論指責，劇本的撰稿者就虛構了一個「莎士比亞」的筆名。與同時代的其他學者相比，弗蘭西斯・培根文才出眾、閱歷豐富、善於思考、勤奮攻讀，理所當然是這些作品的執筆人。

◆ 二、莎士比亞就是英國的伊莉莎白女王

「莎士比亞」只是伊莉莎白女王假借的名字。莎士比亞戲劇中的許多主角所處的環境與女王本人頗具相似之處，女

王知識廣博，語詞豐富多樣，說話機智善辯，所以反映在莎劇作品中的單詞數量達21000多個，一般的人顯然難以做到這一點。

同時，在伊莉莎白女王去世的1603年以後，以「莎士比亞」為名發表的作品數量明顯下降，在品質上也較前大為遜色，人們設想這些很可能是女王早期的不成熟之作，而在她死後由別人收集、整理後出版的。湊巧的是，莎士比亞第一本戲劇集的出版者潘勃魯克伯爵夫人，恰恰又是伊莉莎白女王的摯友親信和遺囑執行者。

專家們認為，通觀莎士比亞作品的精采語言與豐富劇情內容，只有伊莉莎白女王才具有那些傑作的作者所特有的廣博的學識、凝練的語言和對於人們感情意志的高度洞察力。

◆ 三、莎士比亞是當時的一名貴族愛德華‧德維爾

一個叫「德維爾學會」的文學學會宣稱，牛津伯爵愛德華‧德維爾才是被官方認定的莎士比亞37部戲劇作品的真正作者。「他是最適合這種工作的人，」「他受過（相應的）教育，並有（相關）旅行經歷，而莎士比亞並沒有（這些背景）。」

德維爾是牛津17世伯爵，比莎士比亞年長15歲，1550年出生在赫丁厄姆堡。德維爾曾在牛津大學和劍橋大學求學，

並在歐洲大部分地方旅行過。根據德維爾學會的描述,莎士比亞僅僅是運氣好而已。當他身無分文地來到倫敦時,正好被身為貴族的德維爾抓住,為他帶有揭露和諷刺意味的寫作和表演充當一種「掩護」。

德維爾學會祕書理查·馬利姆說:「如果你堅持認為埃文河畔斯特拉特福的威廉·莎士比亞是作家,你就扭曲了整個文學歷史」。但是位於莎士比亞家鄉的莎士比亞出生地基金會主席斯坦利·威爾斯教授說,「他(莎士比亞)那個時代有足夠證據證明,莎士比亞是很被看重的一位作家,尤其是劇作家。」德維爾作為一個大忙人,卻能「在他各種各樣的活動間隙寫出如此多的傑作,這本身就是荒謬的」。

莎士比亞作品的真正主人究竟是誰?是哲學家培根,還是伊莉莎白女王,或者愛德華·德維爾,抑或另有人選,眾說不一,至今仍是一個未解之謎。

比薩古船的謎題

● 盛極必衰是古比薩的悲劇，又何嘗不是一切事物的悲劇

　呢？

　　長久以來，義大利的比薩城以其斜塔聞名於世。如今，考古學家又在比薩發掘到了古羅馬帝國時期的17艘古船。

　　這是迄今發現的最大一批古船遺跡。船上的珍貴貨物都完整地保存了下來，其中包括要運往競技場的獅子遺留下的牙齒。究竟是何等慘烈的災難把這些船隻深埋地下的呢？

　　1998年2月，義大利的比薩城比薩斜塔以南正在進行鐵路延伸工程。這一帶經常出土文物，這一次也不例外。考古學家伊林娜・羅西挖出一艘近2000年前的古羅馬船隻。木船保存完好，古代造船工人留下的工具整修痕跡清晰可見。

　　就在幾米開外，伊林娜與她的同事發現了另一艘古船遺

跡。它的貨物還原封未動，船員的鞋子就在附近出土，令人驚訝的是，這兩艘船僅僅是故事的開始。幾天後，她又看到了第三艘船、第四艘船，這種發現一天天多了起來。三號古船的纜繩與索具仍奇蹟般地保留在原處，四號古船有18米長。後來幾乎每天都能挖出一艘「新的」古船。到最後總數竟達17艘。

考古學家把注意力放在一艘船上。這艘船的年代約為西元前一世紀，大約是凱撒時期。船身的長度有9米，有公共汽車般大小，側舷有12個水手的座位，船上還有一面縱帆。考古學家從來沒有見過這樣的文物：古船的船頭上有用來攻擊其他船隻的撞角，靠12個水手划槳和一面風帆提供動力。

在17艘各類船隻中，有一艘是貨船。貨船上有一個水手的遺骸，身旁是他忠實的狗。除了水手的物品外，這艘船至少還攜帶了300只雙耳陶瓶。那是古代羅馬人的儲藏罐。古船上的貨品距今已有兩千年的歷史，人們可以藉此瞭解古羅馬帝國的進口貿易。

考古學家使用X光對船上貨物進行了分析。分析顯示，陶罐中裝有酒類、櫻桃乾和葡萄。但最令人驚奇的是，一個裝有沙粒的罐子，裡面的沙粒都是經過人工挑選的。這些沙子來自南方，來自800公里以外的坎帕尼亞。也許就像某些

人所說的，這是建築競技場所需的優質沙粒，用來吸乾那些為生命而戰的角鬥士的鮮血。

究竟是什麼力量使船隻沉沒，什麼力量堵塞了溝渠、掩埋了港口呢？考古學家測定出船隻的年代後，第一條線索出現了。這些船隻並非出現於同一時代，它們前後跨越了800年的時間。

這些古船必然是被一連串的災難所摧毀。比薩那800年的歷史就是不斷被淹沒的歷史。每次水災都極其猛烈而且攜來大量泥沙。泥沙淤積後，海岸線被退至幾百米外，連續的水患把海岸線越推越遠，致使城市與海洋的距離達到了11公里。

古代比薩人民建設了港口，但它被洪水帶來的泥漿淹沒。他們重建港口，新的洪水再次將它摧毀。這樣的重複持續了800年，直到比薩人民征服了洪水猛獸。但港口永遠消失了。

這個非凡的古船給世人帶來了無盡的想像，也帶了非凡的謎團，不知何日能解。

沉睡海底的「阿甲克斯」

● 人們渴望發現古希臘藝術品，但是當它出現在人們面前時，卻又密雲重重。

在整個西方美術傳統中，古希臘雕塑佔有十分重要的地位。西方美術崇尚的典範模式，莊重的藝術品格和嚴謹的寫實精神，可以說都是從古希臘開始的。

1972年，一個風和日麗的日子，一個游泳者在義大利的萊奇·馬林納海濱游泳。但在他潛入水後不久，竟在海底摸到了一尊銅像。銅像被打撈上來並經過8年的修復，當它在人們面前展露其真實面目的時候，在西方藝術界引起了很大的轟動：

青銅像阿甲克斯是直立人體，塑像頭部與身高比為1：8，頭側向左，面部表情莊嚴，頭髮與鬚髯捲曲；右臂微曲下

垂，左臂曲時，雙手成握，左手似執武器；上身肌肉緊張，尤其是雙臂，肌肉鼓起，使作品形象顯得非常健壯；而雙腿則相對放鬆，略分開，左腿微曲，右腿支撐全身。比例協調，透著內在的力與美。

據一些專家測定，這座青銅塑像屬於西元前5世紀的作品，所塑造的是希臘英雄阿甲克斯，是希臘文化「黃金時代」的作品真跡。這件藝術珍品的「出世」，無疑引起了許多研究、愛好者的興趣：這件希臘雕塑怎麼會沉睡在義大利的海底？是哪位雕塑名家創造了它呢？

一些學者認為「阿甲克斯」是古羅馬人從希臘搶來的，而在逾海運輸途中船隻遇難才沉入海底的。是羅馬人的戰利品或和平時的掠奪？還是希臘人的供奉？

古羅馬擁有自己業績輝煌的文化藝術，而其文明之源頭則在希臘。因而，羅馬人對燦爛奪目的希臘文明十分羨慕，簡直快到頂禮膜拜的程度。真正的藝術家努力地向希臘人學習，而社會的上層「愛好者」則追求對藝術品的佔有，於是希臘的藝術家和工匠們就大量地複製那些藝術精品和傑作。

然而，隨著羅馬勢力的日臻強大，希臘終於在前146年以後成為羅馬的掌中之物。在這有利條件下，羅馬的那些「愛好者」就不能滿足於只擁有複製品了，他們把眼光直接投向

那些珍品。據說，羅馬帝國皇帝尼祿僅在德爾菲城，就搬走了500座雕像。那麼，整個希臘在羅馬統治時期有多少藝術品流失了呢？那可能是數以萬計，而阿甲克斯也就在其列吧！

這些被劫掠的希臘藝術珍品被裝船運往羅馬。但在羅馬周圍的海上經常有強大的風暴，這些風暴常使海上行船遭受滅頂之災，羅馬的許多戰船曾因此傾覆，而阿甲克斯的遭遇可能就是如此。

這種解釋是否是唯一的答案，還未有定論，因為災難也可能來自其他方面，例如地中海上的強盜。可以肯定的是，「阿甲克斯」肯定是在船運過程中沉入海底的，但何去何從，又因為什麼，這些問題則尚無從查證。

大批被劫掠至羅馬的藝術珍品，在千餘年的歷史中因戰火等浩劫已不復存在，而如「阿甲克斯」一樣沉入海底的藝術品，其中有不少可能現在仍靜靜地躺在某個迷人的海灣裡。另外，因為沒有相關的背景資料，這件藝術珍品是前5世紀哪位大師的傑作，也成為謎中之謎。

亞歷山大燈塔之謎

● 亞歷山大燈塔為許多航船指明了方向，卻沉入了茫茫大海中，無影無蹤。

西元前236年，古希臘最為顯赫的風雲人物亞歷山大在20歲時繼承了王位，成為馬其頓國王。他率領希臘聯軍，在埃及尼羅河口建造了「亞歷山大城」，命大將托勒密駐守於此。亞歷山大去世後，托勒密在埃及稱王，把亞歷山大城定為首都。西元前280年，托勒密在法羅斯島上建造了亞歷山大燈塔。

關於這座燈塔，歷史上有過記錄。西元前2世紀，腓尼基旅行家昂蒂派特將其列為世界七大奇蹟之一。西元1165年阿拉伯史學家伊本‧謝赫訪問亞歷山大，寫成了《艾列夫巴》一書，較為詳盡地描述了燈塔。

燈塔的塔身是由上、中、下三個部分組成的。下層塔身底部呈方形，塔身隨著上升逐漸收縮，高約71米，上面四個角各安置一尊海神波賽敦的兒子口吹海螺號角的鑄像，以此來表示風向方位。中層呈八角形，高約34米。上層呈圓柱形，高約9米，上層塔身之上是一圓形塔頂，其中一個巨大的火炬不分晝夜地冒著火焰。

塔頂之上鑄著一尊高約7米的海神波賽敦青銅立像。燈塔高度約為135米，在距離它60公里外的海面上就能看到它的巨大軀體。

聰明的設計師還採用反光的原理，用鏡子把燈光反射到更遠的海面上，使夜航船隻在很遠的地方就能夠找到開往亞歷山大港的航向。1500年來，亞歷山大燈塔一直在暗夜中為水手們指引進港的路線。

西元14世紀，亞歷山大城發生了一場罕見的大地震，搖晃的大地以巨大的力量摧毀了這座古代世界的建築奇蹟，為古代航海事業做出非凡貢獻的法羅斯燈塔從此銷聲匿跡。1472年，統治埃及的馬穆魯克王朝為了抵禦外來入侵，在燈塔的原址修造了一座軍事要塞，命名為馬穆魯克要塞。

一段時間以來，由於一直沒有關於燈塔的實質的東西出現，以至於人們懷疑，歷史典籍中所描繪的高聳入雲的法羅

斯燈塔也許只是個美麗的傳說。

1994年，在法羅斯燈塔舊址附近修築防波堤時，意外地發現古代石料船之類的東西。一場令世人矚目的海底考古開始了。

考察隊在法羅斯燈塔舊址周圍發現了大量的古代文物，很多都是托勒密王朝二世時期製作的。經過長時間水下搜索，考察隊終於找到了法羅斯燈塔塔身。經測量，燈塔邊長大約36米。在燈塔的每個側面，都有大量的精美巨型雕像作為裝飾。不難想像，當初法羅斯燈塔是何等地壯觀。

令人困惑的是，打撈出來的文物中竟然有古埃及的方尖塔。它是太陽神的象徵，也是法老時代的遺物。該方尖塔的頭部是花崗岩製成，在塔的下面還用象形文字刻有賽帝一世的名號和它統治的第十九王朝守護神的形象。據推測，此文物應有3000多年的歷史。此外，他們還發現在不少文物上都刻有大量的象形文字和法老時代的符號。

失落已久的法羅斯燈塔終於重見天日，長期以來人們對燈塔是否存在的疑慮被徹底打消了。但為什麼在法羅斯燈塔周圍發現了西元前3000年前古埃及時代的遺物？燈塔本身到底是在什麼時候建造的呢？

有人認為，燈塔本身是出自於3000多年前法老時代的古

埃及人之手。也有人認為,燈塔是托勒密王朝所建,這些古埃及時代的雕像和石材只是亞歷山大大帝征服埃及後從古埃及神廟徵調來的。法羅斯燈塔究竟是在什麼時候,由什麼人建造的,至今尚無定論。

梵谷自殺之謎

● 如果梵谷沒有自殺，時間上將會留下多少幅他的傑作呢？可惜他讓這一切落空了。

　　文森‧梵谷（1853～1890年），偉大的荷蘭畫家，後印象派大師，一代富有傳奇色彩的藝術家。然而這麼一位歐洲最傑出的藝術家、畫壇巨匠生前卻默默無聞，他一生坎坷，窮困潦倒，飽嘗寂寞和孤獨。

　　梵谷生前賣出的作品只有《紅色葡萄園》一幅，而且價格非常便宜，僅為當時的四百法郎而已。100年以後，他的畫成了舉世珍寶。他像夸父一樣追逐著太陽，最後在烈焰中燃燒……

　　1890年7月27日，梵谷藉口去打鳥，從他人那裡借到一支左輪手槍，走向奧維爾小鎮外的一片麥田。面對著燦爛的

陽光,用那隻拿慣了畫筆的手,對著自己的腹部扣動了扳機。

4小時後,他甦醒了。他帶著滿身的血跡搖搖晃晃地回到了住處。在生命垂危的時刻,他看見店老闆13歲的女兒愛德琳娜·雷沃克斯站在陽台上,樣子楚楚動人。梵谷忍著劇痛,為她畫了一幅肖像。2000年,在紐約克利斯蒂拍賣行,梵谷的那幅絕筆畫《愛德琳娜·雷沃克斯肖像》,以1375萬美元的高價成交。

梵谷苦熬了兩天,痛楚難忍。臨終前,他不斷吸菸,和弟弟提奧談論著藝術,他對提奧說的最後一句話是:苦難永不會終結。1890年7月29日梵谷去世,嘴裡還叼著點燃的菸斗,時年37歲。這位為藝術奮鬥了一生的傑出畫家,在他的作品即將得到公認時,悲慘地離開了人世。這是一聲響徹古今的槍響,槍響的餘音飄蕩了整整一個世紀,直到今天,還在震撼著人類的心靈。

近年來,隨著對梵谷所代表的現代印象派繪畫藝術理解和欣賞的人越來越多,對他的生平的研究也就越來越加強,人們不約而同地把關注的目標對準了這位藝術家的死。梵谷為什麼用這種方式結束自己的人生?有一點似乎很明顯,是他的精神失去了控制,是一種失常情況下的非理智行為。

梵谷生前患有精神病,曾在精神病院裡住了一段時間。

1890年5月16日，他告別了聖・雷米的精神病院，途經巴黎去看望弟弟提奧。據提奧的妻子回憶「我原以為會看到一位病人，但站在我面前的卻是健康的臉上浮現著微笑的神態堅定、體格強壯、肩膀寬闊的男子……他已經完全好了。」然而就是這位疾病「已經完全好了」的梵谷，卻在兩個多月後開槍自殺了。

梵谷短暫的一生，經歷了太多的磨難。他四處顛沛流離，做過幾種職業，他經歷了世道的不平和生活的艱辛。作為藝術家，他酷愛繪畫，而且他天分極高，創造力很強。他從事繪畫僅僅7年，就創作了近1700件作品，其中900幅素描，800幅以上的油畫。

可是在他生活的那個時代，他所代表的藝術風格還沒有被世人認識和理解，作品沒有銷路。在他生前，只賣出過《紅色的葡萄園》這一幅畫，以至於他的生活都不得不依靠弟弟的不斷資助來維持。這些無情的現實，都極大地衝擊著他本來已經脆弱的神經，使他完全被擊倒了，所以他才採取了自殺的方式逃離這個沒有給他帶來什麼快樂和溫暖的世界。

實際上，這些不同的觀點，都各有自己的道理，但真正的原因，或許只有梵谷本人知道。

海明威自殺之謎

● 海明威素來以硬漢形象出現，他究竟為何脆弱地自殺呢？

歐尼斯特・海明威是美國著名小說家他一生寫了許多著名的作品，如《太陽照樣升起》、《永別了，武器》、《喪鐘為誰而鳴》以及《老人與海》等，在他的晚年，由於發表了《老人與海》等不朽之作，對世界文學做出了巨大貢獻而獲得了諾貝爾文學獎。

但誰也沒想到，這位聞名世界的大文豪竟然在1961年7月2日，用獵槍悄悄地結束了自己的生命。海明威為什麼要自殺呢？這引起世人的極大關注。

有人認為，海明威自殺是「精神憂鬱症」造成的。海明威長期忽視甚至糟蹋自己的健康致使他肉體上精神上都受到

了嚴重的損傷。他無法忍受病痛使他「喪失尊嚴」，他要以自殺的方式來與疾病作最後的搏鬥，並以此來維護自己那種「可以被消滅但不能被擊敗」的男子漢的「尊嚴」。

另一種觀點認為，海明威是因為對自己才思枯竭感到絕望而自殺。由於頻繁的電療，海明威的記憶逐漸衰退。導致他的自傳性作品《流動的聖餐》的創作陷入了困境，因而選擇了自殺。海明威贊同尼采的觀點：「適時而死。死在幸福之峰巔者最光榮。」他因電療致使記憶衰竭。他一生奉行的至理名言就是：人可以被毀滅，但絕不能被打敗。也許，是他擔心自己被打敗，而毀滅了自己。

然而這兩種觀點都沒有極有力的證據，所以海明威自殺的起初動機始終沒有定論。他在自己的遺囑中是這樣說的：「我所有的希望已破滅，我那意味著一切的天賦如今拋棄我，我輝煌的歷程已盡，為維護完美的自我，我必然消滅自己。」但是，人們並不完全相信他自己對這一行為的解釋。

2000年7月，人們從一本新出版的海明威傳記中窺見了這個謎團的冰山一角。這本傳記的作者是肯尼士・林。他在書中明確指出，海明威在其成名後的很長時間裡，一種我們今天所說的 ED（勃起功能障礙）一直困擾著他。這種疾病嚴重地影響了他與幾任妻子的關係和他相當一部分的家庭生

活，海明威對自己的 ED 症感到非常絕望，認為只有將自己的肉體消滅，才能維護自己的尊嚴。因此，海明威的自殺之舉存在著一定的內在必然性。

縱觀海明威的一生我們可以發現，在相當長的時間裡，他的生活和創作一直都和 ED 對他影響有密切的關係：ED 首先將他的人格扭曲了，繼而這種人格的扭曲又被帶入了他的行為和創作中，最終徹底毀滅了他。

如果肯尼士‧林的論述能夠成立的話，或者說海明威的確是一個 ED 患者，那麼海明威在各種作品中刻意為自己塑造的「硬漢」形象只不過是作為一個掩蓋自己疾病的幌子罷了難道這就能說明海明威自殺的原因嗎，似乎海明威的自殺並不這麼簡單，在這背後還隱藏著許多我們未知的東西。

神祕的手印

● 澳大利亞原始洞穴中的神祕手印究竟是誰刻上去的？它又代表了什麼呢？

　　在澳大利亞的許多原始洞穴中，有許多抽象的飛行器圖形、簡化的武器符號與人的手和手臂畫在一起，岩壁上還能看到各種各樣的人的手印。

　　這些手印常能激起人們極大的興趣，卻弄不懂其中代表的含義。人們不禁地問道：這些手印真的很古老嗎？它們是如何印上去的？原始人為什麼要印這麼多手印？這些手印說明了什麼？

　　人類學家曾做過這樣的記載：澳大利亞的圖騰中崇拜在土著人是十分流行的，特別是中部的土著居民，盛行貯存一種祖先靈魂的靈碑——珠靈牌，它用木板或石板製成，外形

為橢圓形或長卵形，長度從幾英寸到幾英尺不等。

「珠靈牌」被看做是祖先不朽而又極具創造的精神實體。無論男女老少都有一塊珠靈牌，據說死者的特性和靈魂就附在這塊牌上，並傳給其佔有者，一旦遺失珠靈牌將被看做是最大的不幸。所以，珠靈牌成為每個人生命中最神聖的東西，一般由圖騰酋長負責保管。

當為了舉行某種儀式珠靈牌被從洞穴中移走的時候，在這個洞穴的入口處，就要留下珠靈牌所有者的手印，據說這樣做是為了「讓靈魂知道」。與手印相關的習俗還有，某些土著人在結婚時，在神廟中留下左手印記，而在他死去的時候，則要在神廟中留下其右手印記。

如果洞穴中的手印與這一習俗相關，那麼可以推測出洞穴岩畫上留下的手印，不僅僅是表示一種企圖去控制獵物的力量，也可能是參與一種神聖儀式的印記。這些手印後來在非洲、太平洋群島、印度等地均有發現，不過年代已很難確定。

經過多年研究，人們對這些原始洞穴中的手印之謎已經有了些初步的認識。歸納起來，大致有以下幾種說法：

1.認為手印是創作洞穴岩畫的原始藝術家留下的，作為一種個人的標記；

2. 是婦女和兒童印上去的，他們之所以在岩壁上印上手印，僅僅是為了好玩或是出於一種遊戲和審美的需要；

3. 是嬰兒的手印，成人將其印上，表示對某種社交活動的參與。

4. 是史前人類的一種自殘行為，其目的與現代原始部落中的「自殘」行為相同，乞求神幫助和憐憫。

5. 是一種求子的巫術標記，目的在於向母神伸出請求之手。

6. 是原始人的狩獵巫術，以手作用於稱號化的動物，或者是作為一種變感巫術的手段，以祈求使動物不斷繁殖。

7. 是女性特有的符號，所有的手印都是婦女印上去的，而手印旁邊的一些點和短線則代表男性的符號。

由於目前掌握的依據尚不充分，所以每一種觀點都缺乏明確的證據。要真正弄清楚澳大利亞原始洞穴中的手印究竟代表什麼，恐怕不是近期內能做到的，也許這個問號將永遠留在人們的腦海中。

奧爾梅克雕像之謎

● 石像是奧爾梅克文明的傑作，它們至今仍矗立在那裡，
向人們講述過去的事情。

　　3000年前，就在地球上的大多數角落仍然處於文明的黑
暗中時，美洲的墨西哥灣海岸上出現了這樣一種文明——奧
爾梅克。它曾在高原上大興土木，建造城市；它曾在這些古
遠的城市中創造了自己的文明……他們曾經很強盛，但到西
元前900年前，不知是什麼原因，他們突然消失了。奧爾梅
克文化也稱為拉本塔文化，據說今天的墨西哥聖洛倫索就建
立在它的遺址之上。

　　1936年，考古學家在拉本塔發現了14個巨大的石像，稱
之為「奧爾梅克巨石頭像」，它們是奧爾梅克文化中最聞名
於世的藝術品。這些頭像都是用整塊玄武岩雕成，構思完善，

具有強烈的寫實性。其中最大的是一個青年的頭面雕像，重達30噸，高305公分左右，形象十分生動。他鼻子扁平，嘴唇厚大，眼睛半睜，呈扁桃狀，眼皮顯得十分沉重；頭戴一頂裝飾有花紋的頭盔，遮住了兩耳。考古學家們認為，頭像可能是當時奧爾梅克領袖的雕像，或者就是一種向死者表示致敬的紀念物。

巨石雕像是奧爾梅克文化中最聞名於世的藝術品。令人感到吃驚的是，這些地方並不盛產石頭，當地人製作大型石雕像的巨石必須從幾十甚至幾百公里外運來，可以想像這項工程的工作量之巨大。最令人疑惑的是，那尊最大的人頭像顯露的五官特徵，毫無疑問是屬於黑人的。

那麼這些體格健壯、相貌堂堂的非洲男子如何出現在3000年前的中美洲呢？這些人頭像究竟是不是在3000年前雕刻的呢？在拉本塔廢墟出土的雕像中，除了五官具有黑人特徵的那些外，還有一些雕像呈現出白種人特有的容貌：高鼻深目，身材頎長，滿臉鬍鬚，身穿長袍……自該雕像出土以來，考古學家們對其蘊含的祕密作了各種考證，但至今仍說不出一個所以然來。

一般認為，1492年之前，美洲跟西方世界沒有接觸，但是，奧爾梅克巨石頭像的黑人特徵又如何解釋呢？有的學者

認為，奧爾梅克雕像描繪的那些深目高鼻、滿臉鬍鬚的人物，可能是古代活躍於地中海的腓尼基人，也有可能是腓尼基人在非洲西海岸捕捉這些黑人，千里迢迢地把這些黑人帶到美洲去。

也許，比哥倫布早許多年，腓尼基人真的曾經穿越大西洋到達了海洋的遠端，但是腓尼基人在世界許多地區都留下他們獨有的手工藝品，卻沒有把自己的東西留在中美洲的奧爾梅克人聚居地。拉本塔發現的黑人頭像，以及描繪留著鬍子的白種男人的浮雕，都完全看不出是腓尼基人的作品。這些頭像的風格和雕工在世界歷史上也沒有先例，那麼它們究竟屬於何種文化類型呢？

隨著歷史的發展，考古工作的開展，奧爾梅克雕像蘊含的玄機終將被解開。

納斯卡地畫從何而來

● 以古代人類的條件，不可能以大地為畫布作畫，難道又
是外星人的傑作？

祕魯南部安第斯山一帶的納斯卡地區，存在著一個2000
年的迷局：一片綿延幾公里的線條，構成各種生動的圖案，
鑲刻在大地之上，這些線條沉默無言，似乎在耐心等待後人
的破解。

上個世紀初，一位飛行員在納斯卡高原的沙漠上發現了
古代印第安人的「運河」，並在地圖上用鉛筆記錄出了這些
奇怪的「運河」線條。後來，一支考察隊來到了納斯卡高原。
他們意外地發現那些所謂的「運河」線條，實際上是在黑褐
色地表石頭上，向下刻鑿十幾公分，使之露出黃白色的沙土
所形成的溝槽。考察隊經過一段時間的構圖，發現竟然是一

隻啄部突出的巨鷹圖。之後他們在這片大沙漠上相繼發現了各種奇異的圖形、圖案，有三角形、四邊形、螺線、平行線等，還有各種植物、動物的圖形。

這些驚奇的發現，震驚了全世界的考古學界，考古學家們陸續來到納斯卡高原，他們不僅發現了更多的直線條和弧線圖案，在沙漠地面上和相鄰的山坡上，人們還驚奇地發現了巨大的動物形體，這使得那些圖案變得更加撲朔迷離：一隻45米長的細腰蜘蛛，一隻大約300米的蜂鳥，一隻108米的卷尾猴，一個巨大的蠟燭台在俯視著大地。到今天，考古學家們共發現了成千上萬這樣的線條，它們有些綿延8公里，還有數十幅圖形，包括18隻鳥。

最先帶領考察隊進入沙漠考察的考古專家科遜克，在30多年後與妻子又一次來到了這個神祕的納斯卡高原上。他們意外發現夕陽的降落位置和與巨鷹啄相連的那條筆直的長鉤正好重疊，正好位於這條長線的尾端！而這一天是6月22日，正是南半球的冬至，一年中最短的一天。納斯卡高原上的溝，很可能起著天文曆的作用。

科遜克把納斯卡高原上的這些沙漠平面圖和星相圖進行了對照，驚奇地發現這些沙漠圖有整個四季的天文變化。有的標記，表示月亮升起的地點，有的指出最明亮的星的位置。

在這部「天文曆」上，太陽系的各大行星，都被標上了各自的線和三角形。透過形狀，可以在沙漠畫中找到點綴在南半球空中的眾多星座。原來這些納斯卡巨畫竟然包含著豐富的天文知識。

納斯卡地畫的發現給世人帶來了極大的震驚，也帶來了巨大的疑問。在這片大沙漠上，這些神祕的圖形究竟是誰畫出來的呢？他們又是怎樣畫出來的呢？是怎樣確定線條方向，又是怎樣準確制定出圖形各部分的比例的呢？

即使在21世紀的今天，人們在地面上絕對無法看出納斯卡巨畫的形貌。在遙遠的古代，納斯卡地畫的創造者怎麼能欣賞自己的傑作？在根本看不到全貌的情況下，古代的納斯卡人又是怎樣設計、製造出這些巨大的直線、弧線以及那些動物圖案來的呢？

還有，納斯卡高原圖形中所描繪的動物除了兀鷹之外，幾乎沒有一種是產於當地的，例如：亞馬遜河蜘蛛、鯨和猴子等。在這片荒漠之中，能描繪出如此龐大、如此精確而又並不產於當地的動物圖形，對於當地的納斯卡人又是如何做到的呢？

納斯卡人在祕魯山區的後代印加人至今還流傳著「會飛的物體」的傳說，許多出土的納斯卡陶器和織物的殘片上都

飾有飛行的圖案，包括畫著和鳥一樣的飛人。那麼，是不是曾有地外文明的超智慧生命指點過他們？是不是古納斯卡人能與地外文明的超智慧生命相溝通？

古納斯卡人與馬雅人一樣，其智慧遠遠超出了我們的想像，可以說，這些神祕圖案的製作，以當時人們通常的技術能力是不可能達到的。它顯然顯示出了一種「超智慧」的存在，顯示出了在人類地球文明之外的一種「超文明」存在的跡象。

堯舜禪讓之謎

● 堯舜是古代著名的明君，他們之間的權力交接是透過禪
　讓實現的。

堯舜是原始社會的明君，也歷來是君王效法的典範，堯
舜禪讓更是千古傳頌的佳話。堯是三皇五帝中的第四個帝，
姓伊祁，名放勳，號陶唐氏，簡稱唐堯。舜姓姚，名重華。
據史書記載，堯主動將權位禪讓給舜，被贊為權力交接的典
範，即「堯舜禪讓」。其實，這只是遠古時代的傳說，並無
文字記載，後來到春秋戰國時期才形成文字。它是否真實、
準確，歷來就有人懷疑。

傳說堯善於治理天下，任命羲和掌管天地，派羲仲等四
人掌管東、南、西、北四方。他還制定了曆法，把一年分為
春、夏、秋、冬四季，共三百六十六天，使農牧、漁獵都按

季節進行。

堯一共在位七十年，在八十六歲那年，堯自覺年老力衰，想找個可靠的繼承人。他的兒子丹朱很粗野，好鬧事。有人推薦丹朱繼位，堯不同意。後來堯又召開部落聯盟議事會議，討論繼承人的人選問題。大家都推舉虞舜，說他是個德才兼備、很能幹的人物。堯很高興，把自己的兩個女兒娥皇、女英嫁給舜，並並對他進行了考察。

舜勤勞能幹，為人忠厚，樂於幫助別人，而且心胸寬廣，原諒了因嫉妒而陷害他的兄弟。經過考察，堯認為舜的確是個品德好又能幹的人，就把首領的位子讓給了他。這種讓位，歷史上稱作「禪讓」。舜接位後，依然勤勞儉樸，跟老百姓一起勞動，受到大家的信任。堯去世後，舜把天下治理得更好。

堯在位七十年，向「四岳」諮詢繼任人選，「四岳」推舉鯀。堯要他治理當時危害甚大的洪水。鯀治水不成被廢，四岳重新推舉舜。堯就對舜進行了全面的考驗，結果舜的美德經受了種種考驗，比人們想像的還要有才能，於是踐天子位。後來，大禹治水成功，舜把帝位傳給了他。這就是「堯舜禪讓」的故事。

堯舜禪讓的故事傳頌幾千年，一直得到人們的褒獎。然

而卻有人認為這個傳說是虛構的，說舜得到權力根本不是靠「禪讓」，而是「篡奪」，並且這些人的分析有理有據。據《史記》記載，舜取得行政管理權後，為了鞏固自己的統治，立即扶植親信，排除異己，歷史上稱為「舉十六相」、「去四凶」。

所謂「舉十六相」，就是舜同時啟用了「八愷」、「八元」，將堯長期排除在權力中心之外。而「去四凶」，就是將堯正在寵信的混沌、窮奇、杌、饕餮同時除掉，剪除異己。透過這些手段，舜架空了堯。然後，又把堯軟禁起來，逼他讓位。

很多人不同意「篡奪」說，他們認為堯舜之間的權力接替不是「禪讓」，更不是「篡奪」，而是「擁戴」。孟子、荀子等認為天子職位最高，權勢最大，不可能把天下給人。那麼，舜是如何得到天下的呢？《孟子·萬章篇》記載：堯死之後，舜避堯之子丹朱於南河之南，天下的諸侯，都跑來朝見舜，無論是歌功頌德，都是來找舜。於是，在大家的感召之下，舜就接受了邀請，登了帝位。

按照這種說法，權力是大家給予的，不管堯禪讓不禪讓，諸侯和民眾一「擁戴」，天下就是舜的了。到了禹的時候，也是用了同樣的方法。所謂的「擁戴」，與幾千年後宋太祖

陳橋兵變、黃袍加身，並無不同。

此外，也有人認為舜登上帝位是因為「畏勞」，也就是說，堯舜禪讓，並沒有傳說中的那麼嚴肅和神聖，只不過人們將帝位當成負擔而不願承擔這份辛苦罷了。《莊子》裡記載，堯想讓許由接替帝位，許由不受。然後堯又讓州支父子來繼承，州支父子也找藉口不受。

他們到底為什麼不願意就帝位？韓非子認為，堯在位的時候，生活條件十分艱苦，居於陋室，吃糠嚥菜，食不果腹，毫無幸福可言，所以人們都不願意接受帝位，更別說將這份辛勞留給自己的子孫後代了。可能萬般無奈之下，舜接受了這份苦差事。

看來，圍繞「禪讓」之說，千奇百怪的傳說甚多。如果堯舜禪讓確有其事，至少證明他們的高尚舉動足以令後世帝王們汗顏了。

秦始皇身世之謎

● 秦始皇嬴政的身世，幾千年來流傳著諸多說法，其中，
以他是呂不韋的私生子的傳說流傳最廣。

　　秦始皇是中國歷史上的第一個皇權專制社會中央集權體
制國家的創立者，秦始皇嬴政是中國數千年專制時代的第一
位君臨天下、叱吒風雲的君主，也是中國歷史上第一個使用
「皇帝」稱號的君主，對中國和世界的歷史產生了深遠的影
響。自古以來，秦始皇一直是一個備受爭議的人物，譽之者
稱其為首創統一局面的「千古一帝」，謗之者則稱其為專制
獨裁的「一代暴君」。

　　秦始皇的歷史功績和獨裁暴政在歷史上是比較清楚的，
六國養尊處優的君主嬪妃、王孫公主、皇親國戚無一不膽顫
心驚地揖首跪地、俯首稱臣，然而他的身世卻十分模糊。

關於秦始皇的身世，幾千年來，流傳著諸多說法，其中，秦始皇是呂不韋的私生子的傳說流傳最廣，這是因為《史記》和《資治通鑑》等權威史書中都有類似的記載，《漢書》的作者班固則直接稱秦始皇為「呂政」，故後人多持此說。

秦始皇是繼秦莊襄王（子楚）之位，以太子身分登上王位的。秦始皇之母趙姬，據說曾為呂不韋的愛姬，後獻予子楚，被封為王后。那麼，秦始皇到底是子楚的兒子，還是呂不韋的兒子，後人爭議不休。

據《史記・呂不韋列傳》記載，秦始皇的母親趙姬原是呂不韋的姬妾，呂不韋出於政治目的將已懷孕的趙姬獻給異人（即秦莊襄王），後來趙姬至大期生子名政；又據《史記・秦始皇本紀》記載，「秦始皇帝者，秦莊襄王子也。莊襄王為秦質子於趙，見呂不韋姬，悅而取之，生始皇。」作為一個並不受寵愛的質子的兒子，趙政少年時期是在趙國都城邯鄲度過的，此時異人經呂不韋從中斡旋已然回到秦國，並認華陽夫人為母，經過多次政治鬥爭終於獲得了華陽信任，呂不韋又花費大量精力與金錢將趙姬母子接回秦國，從此趙政開始了他在秦王宮裡的政治生涯。

但有人對此說表示懷疑，明代史學家王世貞認為，這是呂不韋為保住其取得的榮華富貴，自己編造出來的故事。中

國著名歷史學家郭沫若則認為，這種說法始於西漢初年，是呂后為奪權而讓諸呂編造、散佈以便製造輿論的，其目的是為了說明天下本是呂家的，現在被劉家奪去，理應由呂家再奪回來。

有人從秦始皇的生母趙姬的出身分析，也認為秦始皇不可能是呂不韋的兒子。據《史記‧秦始皇本紀》記載，秦滅趙之後，秦王親臨邯鄲，把同秦王母家有仇怨的，盡行坑殺。既然趙姬出身豪門，她怎麼能先做呂不韋之姬妾，再被獻做異人之妻呢？這樣，就不會存在趙姬肚子裡懷上呂不韋的孩子再嫁到異人那裡的故事了。

兩千多年過去了，有關秦始皇身世的爭論仍未取得一致看法。但不論趙姬是否是有娠而嫁，還是嬴政真為皇室血脈，這些謅議均無法掩映他在中國歷史上的重要地位及作用。也許正是由於秦始皇的雄才大略和撲朔迷離的身世，才吸引了如此眾多的目光。

隋煬帝殺父之謎

● 隋煬帝是歷史上有名的暴君，為了奪取皇位，他弒父殺
兄，無惡不作。

　　隋煬帝（569~618年），即楊廣。隋文帝次子，在位9
年。隋煬帝即位後大興土木，修築宮殿，開掘運河，開闢馳
道。因每項工程均耗人、物無數，國運漸衰。各地起義烽火
連天，隋朝覆滅。其在江都被禁軍將領宇文及縊死。按照
中國封建社會的帝王傳位的習慣，本應是不該他來繼承皇位
的，但楊廣卻在隋文帝死後，君臨天下了。這是怎麼回事呢？
有人說是他殺了自己的親生父親、毀掉了兄長楊勇，篡權為
君的。

　　據史書記載，西元604年7月，隋文帝臥病在床，楊廣認
為自己登上皇位的時機來了，迫不及待地寫信給楊素，請教

如何處理隋文帝後事。不料送信人誤將楊素的回信送至了隋文帝手上。

隋文帝大怒，隨即宣楊廣入宮，當面責問他。然後，又命大臣柳述、元岩草擬詔書，廢黜楊廣，重立楊勇為太子。當天，楊堅即駕崩，終年六十四歲。雖然歷史上沒有說清隋文帝是如何死的，但後來人們猜測很可能是楊廣下的毒手。

自隋文帝死至今，民間一直盛傳煬帝弒父之說，各小說筆記均載此事，史學界也大多持此觀點。《隋書·後妃列傳》中對隋文帝的死亡前情形是這樣記載的，曰：「初，上寢疾於仁壽宮也，夫人與皇太子同侍疾，平旦出更衣，為太子所逼，夫人拒之得免，歸於上所。上怪其神色有異，問其故。」

夫人炫然曰：「太子無禮。上恚曰：『畜生何足付大事，獨孤誠誤我，意謂獻皇后也，因呼兵部尚書柳述、黃門侍郎元嚴曰：『召我，兒！』述等將呼太子，上曰『勇也』。述，嚴出閣為勒書訖，示左僕射楊素。素以其事白太子，太子遣張衡入寢殿，遂令夫人與後宮同侍疾者，並出就別室。俄聞上崩，而未發喪也。」

《隋書》此段記載雖未明指文帝被殺，但實際上已給世人留下推猜的餘地，即文帝之死具有被謀殺的性質。史學家不僅引史書為直接證據，而且還考察了隋煬帝的一貫品行。據說，楊堅死後，楊廣又假傳文帝遺囑，要楊勇自盡，楊勇

未及回答，派去的人就將楊勇拖出殺死。

楊廣既然可以公然強姦父妃，又殘忍地將自己的哥哥殺死，禽獸不如，他為何不能弒父呢？當然，也有一些史學家對隋文帝楊堅是否死於楊廣之手存在質疑。據史書記載，隋文帝從四月得病到七月份病危期間，宮內的情況基本正常。

他留下遺詔說：「古人有云：『知臣莫若君，知子莫若父。』……皇太子廣，地居上嗣，仁孝著聞。以其行業，堪成朕志。但念內外群官，同心戮力，以此共安天下。朕雖瞑目，何所複恨？」

隋文帝在遺詔中為楊廣說了很多好話，對楊廣來說，即位是旦夕之間的事情，他又何必冒天下之大不韙而弒父奪位呢？因此，有的學者認為，《隋書》是唐初編纂的，唐人為了使自己的奪權名正言順，很有可能詆毀煬帝，因而，《隋書》的記載未必可信。

以上分析雖然不無道理，但卻不能完全說明隋文帝之死與楊廣無關。因為，為了獲得皇位，楊廣已經偽裝多年，在得知楊堅已經病入膏肓後，急迫的給楊素寫信詢問處理之策是可能的，而且，也不能排除送信人誤將楊素的回信送至了隋文帝手上的可能性。隋文帝在盛怒之下要更換太子，這當然是楊廣不能接受的。在這種情況下，隋文帝楊堅暴死，楊廣是難逃關係的！

玄武門之變之謎

● 玄武門之變是李世民登上皇位的跳板，圍繞著這場事變
也有許多迷霧。

　　唐高祖武德九年（西元626年）六月初四凌晨，太子李
建成和四皇子齊王李元吉從長安城北門玄武門進宮朝見高祖
李淵。不料二皇子秦王李世民帶領人馬趕來，一箭射死了李
建成，李元吉也為尉遲敬德所殺。

　　然後，李世民誅殺了兩家老小，並帶兵進宮朝見李淵說
二人謀反。李淵隨即詔立世民為皇太子，下令軍國庶事無論
大小悉聽皇太子處置。不久之後李世民即位，年號貞觀。這
就是歷史上有名的「玄武門之變」。

　　李世民在玄武門演出了一場殺兄奪位的悲劇，登基做了
皇帝，成為中國歷史上一位傑出的皇帝。史料記載李建成和

李元吉欲加害李世民，李世民出於無奈才發動兵變。作為皇帝，當時的史料當然會傾向於李世民，然而「玄武門之變」並不像史書說的那麼清楚，圍繞這次事變，有幾個問題至今懸而未決。

◆ 問題之一：誰是「玄武門之變」的始作俑者？

唐高祖李淵的皇后竇氏生有四子。三子李元霸早死，長子李建成通常留居長安，協助高祖處理軍國大事。次子秦王李世民領兵出征，統一全國。隨著李世民在征戰中屢建功勳，威望日增，李世民與李建成兄弟二人爭奪皇位的鬥爭日趨明朗化。在這場鬥爭中，四子齊王李元吉一直站在李建成這邊。

有人認為，玄武門之變雖然是李世民策動的，但它卻是由李建成釀製，李世民只是在萬不得已的情況下才採取先發制人的對策，李建成是自食惡果。據《資治通鑑》載：「世民功名日盛，上常有意以人建成，建成內不自安，乃與元吉協謀，共傾世民各引樹黨友。」武德七年夏季當李淵去宜君縣仁智宮避暑，李建成乘機私下令慶州都督楊文幹「募健兒送京師，欲以為變」企圖用武力除掉李世民。為此，李世民曾言：「彼欲以此見殺，死生有命庸何傷乎！」

也有人認為，玄武門之變是同室為爭奪皇位的相互殘殺，其始作俑者乃秦王李世民。據《唐書》記載，武德四年，在

平定王世充期間，李世民與秦王府記室房玄齡拜訪了一位遠知道士，道士對李世民說「方作太平天子，願自惜也。」李世民聽後便漸漸增強了取代李建成當太子的念頭，據此推斷李世民以發動兵變來剷除李建成也是有可能的。

◆ 問題之二：唐高祖傾向於誰？

在李建成李世民兄弟長期明爭暗鬥過程中，高祖李淵傾向於哪一方呢？有人覺得，李淵傾向於李世民。據史籍記載，太原起兵以後，李淵就曾對李世民許諾過：「若事成，則天下皆汝所致，當以汝為太子。」事變發生時，有人將消息告訴李淵並表示支持李世民稱帝，李淵當即回答：「善，此吾之夙心也。」可見他傾向性是何等明顯。

也有人認為，立長子為帝是自古以來的傳統，李淵其實是支持李建成的，只不過確有許多李世民是成功者，由他當政時期編寫的史籍，當然會進行種種有利於他的修飾，史籍上關於李淵傾向於李世民的記載大多出於貞觀史臣們的虛構。

◆ 問題之三：李淵為何讓位？

玄武門之變剛過，唐高祖李淵就將帝位讓給了李世民，此舉是非常罕見的。對於李淵讓位的原因，有人認為，李淵自從稱帝後生活日漸腐化，不願再勤於政事，想要坐享清福，於是把皇帝之位讓給了李世民。

也有人認為，玄武門之變後，朝廷的軍政大權實際上落入李世民手中。心有餘悸的李淵，為了避免落得隋文帝一樣的下場，於是採取了主動將皇位禪讓。

有的學者甚至認為李世民暗中或許還對其父進行過威逼，令其交出權力。不管怎麼說，既然李世民掌握皇權已成定局，李淵讓位實屬不得已的做法。

楊貴妃最終身歸何處

● 「六軍不發無奈何，宛轉蛾眉馬前死。」楊貴妃以一種無可奈何的結局結束了自己的生命，也留下了許多未解之謎。

西元756年，「安史之亂」爆發，叛軍安祿山大舉攻入長安，唐玄宗李隆基帶領嬪妃及貼身侍衛連夜倉皇出逃，於第二天到達陝西境內的馬嵬坡，此時隨行的將士驟然發起叛變，殺死了當朝宰相楊國忠，隨後又將矛頭指向唐玄宗最為寵愛的楊貴妃。萬般無奈之下，唐玄宗不得不「命力士賜貴妃自縊」。

有人說，楊玉環可能死於佛堂。《舊唐書·楊貴妃傳》記載：禁軍將領陳玄禮等殺了楊國忠父子之後，認為「賊本尚在」，請求再殺楊貴妃以免後患。唐玄宗無奈，與貴妃訣

別，「遂縊死於佛室」。《唐國史補》記載：高力士把楊貴妃縊死於佛堂的梨樹下。陳鴻的《長恨歌傳》記載：唐玄宗知道楊貴妃難免一死，但不忍見其死，便使人牽之而去，「倉皇輾轉，竟死於尺組之下」。

楊貴妃也可能死於亂軍之中。此說主要見於一些唐詩中的描述。杜甫於至德二年（西元757年）在安祿山佔據的長安，作《哀江頭》一首，其中有「明眸皓齒今何在，血污遊魂歸不得」之句，暗示楊貴妃不是被縊死於馬嵬驛，因為縊死是不會見血的。還有人說她是吞金而死。總之，各種說法不盡相同。

一年後，唐玄宗派宦官改葬貴妃，結果去的人只帶回了貴妃生前攜帶的香囊，從此民間流傳出貴妃遺體失蹤，貴妃可能沒死的驚天奇聞。於是，一千多年來，人們紛紛猜測楊貴妃自縊是由其侍女代替的，而貴妃本人卻乘機化裝潛逃到了別的地方活了下來，甚至有人說楊貴妃是隨「遣唐使」逃到了日本。

今日的馬嵬坡上重建的貴妃墓館也只是一座衣冠塚，四川天國山腳下的紅梅村有一座千年古墓，村裡人世代流傳著這是一座貴妃墓，經過挖掘，事實與村民的傳說相去甚遠，一千多年前的馬嵬坡上究竟出現了什麼意外，貴妃遺體失蹤，

貴妃可能沒死的傳聞是真的嗎？

關於墓中的香囊，人們在查找史料的時候發現了新舊唐書兩種不同的記載。在舊唐書裡說：肌膚已壞，而香囊猶在；而新唐書裡卻只有：香囊猶在。也就是說只有香囊，而不見了貴妃的遺體。

倘若叛亂的將士沒有在楊貴妃死後去檢驗楊貴妃的遺體，那是否預示一千多年前的馬嵬坡上真的會有什麼意外的情況出現呢。那件神祕的挖墓事件所產生的疑惑一直困擾著人們，貴妃的遺體為何消失的無影無蹤了呢，倘若她的肌膚已壞，去的宦官為何不改葬她呢，卻只帶回了她生前佩帶的香囊？

關於楊貴妃東渡日本的說法也是傳得沸沸揚揚：當時，在馬嵬驛被縊死的，乃是一個侍女。禁軍將領陳玄禮惜貴妃貌美，不忍殺之，遂與高力士謀，以侍女代死。楊貴妃則由陳玄禮的親信護送南逃，行至現上海附近揚帆出海，飄至日本久谷町久津，並在日本終其天年。

在日本也有種種說法。有一種說法是，死者是替身的侍女，軍中主帥陳玄禮與高力士密謀，以侍女代替，高力士用車運來貴妃屍體，查驗屍體的便是陳玄禮，因而使此計成功。而楊貴妃則由陳玄禮的親信護送南逃，大約在今上海附近揚帆出海，到了日本久谷町久津。

　　日本山口縣「楊貴妃之鄉」建有楊貴妃墓。1963年有一位日本姑娘向電視觀眾展示了自己的一本家譜，說她就是楊貴妃的後人。2002年，日本著名影星山口百惠在接受媒體記者採訪時，竟然聲稱她是楊貴妃的後裔。對於這個爆炸性的新聞，人們感到無比的震驚，楊貴妃的後人怎麼可能跑到日本去呢？當年的貴妃莫非真的逃離了大唐轉道東瀛了嗎？更多的人寧願相信這只是山口百惠的炒作行為。

　　隨著時間的推移，關於楊貴妃之死的傳說愈來愈生動。如今有許多學者都試圖想解開楊貴妃的身死之謎，甚至花費了大量的時間、財力和精力，但事情已經過去了一千多年了，楊貴妃早已灰飛煙滅化成了泥土無處可尋，「雲想衣裳花想容，春風拂檻露華濃」、「回眸一笑百媚生，六宮粉黛無顏色」的歷史已經一去不復返了。

　　其實，楊貴妃是生是死的傳聞之所以相持不下，一方面是因為史料的記載粗略不詳，另一方面許多文人墨客的浪漫描述給世人帶來了無限的希望與幻想。不管怎麼說，楊貴妃三個字已經成為形象化大唐盛世的代名詞，她的生死之謎值得我們去探索，她的教訓也是我們所要避免的。

戚繼光斬子之謎

● 戚繼光是著名的抗倭英雄,他為嚴肅軍紀而斬子的故事
也廣為流傳。

戚繼光(1528~1588),字元敬,號南塘,山東蓬萊人。戚繼光出生將門,自幼便立志馳騁疆場,保家衛國,曾揮筆寫下「封侯非我意,但願海波平」的著名詩句。戚繼光一生最大的功績就是守衛海疆、抵抗倭寇,他是中國著名的抗倭名將、民族英雄。

戚繼光統軍打仗,軍紀嚴明,違令者定斬不赦。正因為戚繼光如此強調軍紀的重要性,才有了後來戚繼光斬子故事的發生。

戚繼光斬子的故事幾百年來一直在閩、浙一帶廣為流傳。在福建莆田,這一故事還被改編為閩劇《戚繼光斬子》,以

藝術的形式在民間盛傳不衰。此外,在福建寧德、連江、閩侯、浙江義烏等地也有類似的傳說,但內容不盡相同。究竟戚繼光斬子的故事是不是歷史事實呢?到底發生在哪個地方呢?一直以來眾說紛紜,沒有定論。

有一說認為,戚繼光斬子的故事發生在浙江台州地區。話說有一次戚繼光率領軍對在台州府圍剿一股倭寇,倭寇打敗,就想繞道逃跑。為了徹底消滅這股倭寇,戚繼光立即命自己的兒子戚印率軍伏擊,並交代不可求勝,而要佯裝失敗,將敵人誘至仙居城外再予以反擊,以迫使城中的倭寇出援,一舉殲滅。無論是誰,違反軍令定要按軍法處置。誰料戚印只顧奮勇殺敵,竟然忘記了父親臨行前的交代。

後來戚印率軍回營,將士們都言戚印作戰勇敢,殺敵有功。但戚繼光卻在聽完兒子稟報之後,勃然大怒。說他違反軍紀,不服從指揮,應該以軍法處置,便命將校將其綁出轅門外正法。

諸將雖然苦苦求情,說戚印雖然是觸犯了軍令,但其大敗倭寇,也是有功之臣,可將功抵罪。但戚繼光卻認為戚印明令故犯,貽誤軍機,不容不誅!若是不殺則軍紀難以嚴明如初。為了嚴肅軍紀,戚繼光將兒子正法。當地的百姓懷念戚公子,便在常風嶺上為他建造了一座太尉殿,據說這座大

殿的殘跡至今猶存。

還有一種說法認為，戚繼光斬子的故事不是發生在浙江常風嶺，而是發生自福建麒麟山；斬的兒子不是戚印，而是戚狄平。據說在一次戰役前，戚繼光曉諭全軍：「只許勇往直前，不准猶疑回顧。違令者斬！」他任命自己的兒子戚狄平為先鋒官，率領三千精銳部隊打先鋒。

然而在攻擊過程中，戚狄平擔心父親年老力衰，跟隨不上，便立馬回頭向樟灣方向望瞭望。這時跟在後面的將士以為先鋒有令要傳達，不覺也都腳下一頓，停了下來。戚繼光勃然大怒，立刻令人將戚狄平綁至馬前。戚繼光身邊的將士紛紛跪地說情，也無濟於事，戚繼光還是按軍法處置了兒子，將其斬於軍前。

最終，戚家軍勝利的攻佔了橫嶼，斬殺倭寇兩千六百餘人，徹底搗毀了橫嶼上倭寇盤踞的巢穴。戚繼光帶軍回師時，路過麒麟山，想起被自己斬殺於此的兒子，不禁傷心落淚。

後來，當地的人民感於戚將軍父子的抗倭功勞，就在戚繼光當年立足思子的地方建起一座六角涼亭，取名為「思兒亭」。在戚公子被斬的麒麟山角樹立了一塊石碑，名曰「恩澤壇」，以永遠紀念戚繼光和戚狄平抗倭保民的萬世恩澤。

此外，據《仙遊縣誌》記載：「繼光至莆田，將出師，

煙霧四塞，其子印為前鋒，勒馬回，求駐師。繼光怒其犯令，殺之。」因此有人指出戚繼光斬子的故事應該就是發生在福建莆田，斬殺兒子為戚印。

對於戚繼光斬子的傳說，史學界另有看法。戚繼光斬子的故事在《明史》、《罪惟錄》、《明書》和汪道昆的《孟諸戚公墓誌銘》、董承詔《戚大將軍孟諸公小傳》、《閩書》中的《戚繼光傳》等較為可信的史料中均無記載，戚繼光後人所編著的《戚少保年譜耆編》中也沒有關於此事的記載。

據《戚繼光墓誌銘》的記載，戚繼光的正房夫人王氏，一生只生有一個女兒，並無傳說故事中的長子戚印這個人。戚繼光在軍中所納的小妾陳氏、沈氏、楊氏等人雖然先後為他生了戚祚國、戚安國、戚報國、戚昌國、戚興國等幾個兒子。但這些兒子在戚繼光抗倭時期都還是繼褓中的小兒，根本不可能成為統軍打仗的將領。

因此，許多歷史研究者認為，戚繼光斬子之事，純粹是子虛烏有。民間之所以會有這樣的故事流傳，也許是人們根據戚繼光將軍治軍嚴明、軍紀如山的特點演繹出來的。究竟事實是否如此，還有待史學界的進一步證明。

孝莊皇后下嫁之謎

● 孝莊皇后貴為太后，為何而下嫁給她的小叔子多爾袞
呢？

　　縱觀清朝三百年，尤以清初最為混亂，疑案層出不窮，
其中最為著名的要數清宮三大案了，它們分別是太后下嫁，
順治出家，雍正即位。而在這三大案中又以太后下嫁爭議最
多。

　　康熙二十六年，孝莊太皇太后去世，享年七十五歲。這
位為清朝披肝瀝膽的巾幗至尊，死後並未按慣例全國舉哀，
她的棺槨在「暫安殿」內一停就是四十年，直至雍正朝才下
葬，而且葬在清東陵的風水牆外，令人不得其解。後人猜測，
這和她傳說下嫁給多爾袞有關。

　　其實，「太后下嫁」之說，首先起因於順治五年（1648

年），多爾袞被封為「皇父攝政王」。這個怪異的稱呼使人
們引起了各種的猜測。

大家認為，皇帝之母降貴屈尊下嫁，才使多爾袞有了這
種尊稱。而也有人稱當時順治是為了孝順，考慮到母親的孤
苦及與多爾袞多年的情誼，和多爾袞對自己擁立帝位的恩情，
在大臣的提議下議請多爾袞與母親結合。

父死子娶其庶母，兄死弟娶其嫂的婚俗，在當時滿洲風
俗來說十分正常。但不管怎樣，「太后下嫁」的故事，折射
出了順治帝和孝莊皇后這對孤兒寡母當時尷尬險惡的政治處
境。

而明張煌言作詩「上壽稱為合巹樽，慈寧宮裡爛盈門，
春官昨進新儀注，大禮恭逢太后婚」倒是實有其事。

多數人認為「太后下嫁」與權力之爭有莫大的關係。據
說清太宗皇太極駕崩後，清朝貴族內部爭奪皇位的鬥爭到了
白熱化的程度，最主要的兩大政治集團是努爾哈赤十四子多
爾袞和皇太極長子豪格。

就在這時，還是妃子的孝莊文皇后找到了多爾袞，提出
讓多爾袞擁戴福臨即位，作為條件之一就是多爾袞擔任攝政
王，多爾袞權衡利弊後，同意了孝莊文皇后的意見。

然而多爾袞對孝莊文皇后垂涎已久，孝莊文皇后知道：

多爾袞權傾朝野，羽翼豐滿，廢帝自立，易如反掌。一旦生變，不但自己母子性命難保，連大清江山也可能斷送在八旗內亂之中。於是，福臨登基後，太后正式下嫁多爾袞為妻。而因此，孝莊死後，康熙等後代子孫因其丟了愛新覺羅家的臉面，將她葬在了清東陵陵區外。

還有一說是，攝政王多爾袞在逼死政敵豪格後，娶了豪格的福晉，來自科爾沁蒙古草原的博爾濟吉特氏。但是民間卻以訛傳訛，傳說當今皇太后，同樣來自科爾沁的博爾濟吉特氏下嫁多爾袞，文人們還寫成文章，編造了種種傳說，生動描繪了皇太后和攝政王的親事。野史中所載的大婚恩詔，顯為文學筆法，是好事者杜撰，自不足信。

對「太后下嫁」的故事，雖然野史中記載很多，但在清代檔案和典籍中卻沒有任何記載。從事實來看，孝莊皇后死後，清王朝又延續了二百多年。

這期間，大清諸朝對她尊崇備至，極盡歌功頌德之事，在陵寢祭祀方面也把其放在首位，如真有太后下嫁之事，清皇朝為何能自取其辱呢？有人認為，那是因為後來清朝統治者覺得這件事不光彩，於是銷毀了有關檔案，刪改了史籍中的記錄。

據說到了乾隆時期，紀曉嵐在整理清宮檔案時，覺得這

一事件有辱皇家尊嚴，因此奏請皇帝批准，從檔案中刪去這一部分內容，從此再沒有人提起這件事。不過，皇后下嫁的故事卻廣為流傳。

總之，太后下嫁這椿疑案流傳雖廣，卻無任何的證據。歷史是一門科學，沒有確鑿的證據不能妄下定論，憑藉部分史料，也不能推斷太后就一定下嫁了多爾袞。因此，我們說孝莊是否下嫁仍然是一個歷史疑案。當然，作為人們的茶餘飯後的話題，或是文學作品的絕佳素材，它還會一直流傳下去。

乾隆皇帝身世之謎

● 乾隆皇帝的歷史功績赫赫有名，然而他的身世之謎至今
仍未解開。

　　乾隆皇帝，即愛新覺羅·弘曆，是清王朝定鼎中原後的
第四位皇帝。他在位六十年，勵精圖治，在康熙雍正兩朝文
治武功的基礎上，進一步完成了多民族國家的統一。社會經
濟文化有了進一步發展，形成了中國歷史上著名的「康乾盛
世」。

　　乾隆皇帝是中國封建社會後期赫赫有名的一位皇帝，他
是中國有文字記載以來享年最高的皇帝，也是中國歷史上實
際執政時間最長的皇帝。同時，乾隆又是在民間傳聞最多、
被文藝作品演繹最多和官方文獻記載疑點最多的皇帝之一。
乾隆的一生，為後世留下了許許多多的故事，其中人們最愛

津津樂道的，莫過於他的身世之謎了。

乾隆皇帝的出生地在哪裡？據史書記載，乾隆認為自己生在雍和宮。雍和宮坐落在北京城東東北安定門內，是著名的喇嘛廟。

在康熙時代，這裡原是雍親王的府邸，也就是雍正做皇子時的王府，當時並不叫雍和宮。乾隆登基後，把他父親雍正的畫像供奉在這座府第裡的神御殿，派喇嘛每天誦經，後來這裡就改名叫雍和宮。乾隆曾經多次以詩的形式表示自己是生在雍和宮，如「齋閣東廂胥熟路，憶親唯念我初生」，指出自己出生在雍和宮的東廂房。

然而，令人奇怪的是，乾隆的兒子嘉慶帝無論在給父親的祝壽詩中還是最終的遺詔中，都把父親的出生地寫成避暑山莊，這著實令人費解。

嘉慶元年（1796年）八月十三日，乾隆帝86歲大壽，以太上皇身分到避暑山莊過生日。嘉慶跟隨去了，寫下《萬萬壽節率王公大臣行慶賀禮恭紀》詩慶賀。詩中提到乾隆的出生：「肇建山莊辛卯年，壽同無量慶因緣。」其詩下注云：「康熙辛卯肇建山莊，皇父以是年誕生都福之庭。」嘉慶在這裡明白無誤地點明皇父乾隆誕生於避暑山莊的都福之庭。

嘉慶二十五年（1820年）七月二十五日，嘉慶帝突然在

避暑山莊駕崩。在御前大臣、軍機大臣、內務府大臣以嘉慶名義撰寫的《遺詔》末有「皇祖降生避暑山莊」一語，就是說乾隆當年就生在灤陽行宮，即避暑山莊。

新繼位的道光帝發現這一問題後，立即命令以每天600里加急，將已經發往琉球、越南、緬甸等藩屬國的嘉慶《遺詔》從路上追回來。

改寫後的《遺詔》，把原來說乾隆生在避暑山莊，很牽強地說成乾隆的畫像掛在避暑山莊。乾隆帝到底是出生在北京雍和宮，還是出生在承德避暑山莊？至今學術界沒有定論，仍然是一個歷史的疑案。

乾隆就是這麼一位很有名的皇帝，不但他的出生地不清楚，甚至就連他的母親是誰人們也產生了懷疑。在中國第一歷史檔案館保存的《玉牒》和生卒記錄底稿上，都清楚地寫著：乾隆的親生母親是鈕祜祿氏。《實錄》和《聖訓》中也有同樣的記載。

乾隆是大孝子，他在慈寧宮為母親60歲誕辰舉行盛大壽宴，並把它繪畫叫《慈寧燕喜圖》，侍奉母親三次上泰山，四次下江南，多次到塞外避暑山莊。還別出心裁，用3000多兩黃金做了一個金塔，專門用來存放供奉他母親梳頭時掉下來的頭髮，叫金髮塔。乾隆愛寫詩，在他的詩中，有不少是

稱頌生母鈕祜祿氏養育之恩的。

然而坊間卻不這麼認為，關於乾隆生母的傳說很多。最為逼真的一個傳說稱乾隆生母是浙江海寧大學士陳世倌的夫人。陳世倌與皇四子雍親王胤禛的關係十分密切。當時，雍親王的福晉和陳閣老的夫人，同月同日分別生了孩子。雍親王生了一個女孩，而陳家生了一個男孩。

雍親王就讓陳家把孩子抱入王府看看。可是，等孩子再送出來時，陳家的男孩竟變成了個女孩。陳閣老意識到此事性命攸關，不敢做聲。人們說雍親王為登上皇位，便將自己的女兒與陳家兒子調換，而那個被換入王府的男孩，就是後來的乾隆皇帝。

民間甚至傳說，乾隆登基後六下江南，目的就是探望親生父母。而他六次南巡竟有四次住在陳閣老的私家園林，這是明顯的「假公濟私」，為的是探望自己的生身父母。

乾隆皇帝身世之謎就如同他的「十全武功」一樣出名，歷來讓人議論紛紛，然而，這一切只是人們的推測，畢竟缺乏確鑿的史書記載，不可完全當真。

▶ 神祕的未解之謎：失落的文化謎團　（讀品讀者回函卡）

■ 謝謝您購買這本書，請詳細填寫本卡各欄後寄回，我們每月將抽選一
　 百名回函讀者寄出精美禮物，並享有生日當月購書優惠！
　 想知道更多更即時的消息，請搜尋 "永續圖書粉絲團"

■ 您也可以使用傳真或是掃描圖檔寄回公司信箱，謝謝。
　 傳真電話：（02）8647-3660　　信箱：yungjiuh@ms45.hinet.net

◆ 姓名：＿＿＿＿＿＿＿＿＿＿＿　　□男 □女　　□單身 □已婚

◆ 生日：＿＿＿＿＿＿＿＿＿＿＿　　□非會員　　□已是會員

◆ E-mail：＿＿＿＿＿＿＿＿＿＿＿　電話：（　）＿＿＿＿＿＿

◆ 地址：＿＿＿＿＿＿＿＿＿＿＿＿＿＿＿＿＿＿＿＿＿＿＿＿

◆ 學歷：□高中以下 □專科或大學 □研究所以上 □其他＿＿＿＿

◆ 職業：□學生 □資訊 □製造 □行銷 □服務 □金融

　　　　 □傳播 □公教 □軍警 □自由 □家管 □其他＿＿＿＿

◆ 閱讀嗜好：□兩性 □心理 □勵志 □傳記 □文學 □健康

　　　　　　 □財經 □企管 □行銷 □休閒 □小說 □其他

◆ 您平均一年購書：□5本以下 □6~10本 □11~20本

　　　　　　　　　 □21~30本以下 □30本以上

◆ 購買此書的金額：＿＿＿＿＿＿＿＿

◆ 購自：□連鎖書店 □一般書局 □量販店 □超商 □書展

　　　　 □郵購　　 □網路訂購 □其他

◆ 您購買此書的原因：□書名 □作者 □內容 □封面

　　　　　　　　　　 □版面設計 □其他

◆ 建議改進：□內容 □封面 □版面設計 □其他＿＿＿＿＿

　 您的建議：

讀好書品嚐人生的美味

神祕的未解之謎：失落的文化謎團